I LIBRI DEL BE

Jon Kabat-Zinn

DOVUNQUE TU VADA, CI SEI GIÀ

Capire la ricchezza del nostro presente per iniziare il cammino verso la consapevolezza

Traduzione di Giorgio Arduin

CORBACCIO

Titolo originale: *Wherever You Go, There You are*

Traduzione dall'originale americano
di *Giorgio Arduin*

I edizione ottobre 2019
II edizione maggio 2020

Per essere informato sulle novità
del Gruppo editoriale Mauri Spagnol visita:
www.illibraio.it
Il sito di chi ama i libri

L'Editore ringrazia la Casa Editrice Rizzoli per l'autorizzazione a pubblicare i brani tratti da *Walden* di Henry D. Thoreau, *Fiducia in se stesso* di Ralph Waldo Emerson, *Io sono quello* di Nisargadatta Maharaj; la Casa Editrice Adelphi per il brano tratto da *Siddharta* di Hermann Hesse e i versi tratti da *Tao-te-Ching* di Lao Tzu; la Casa Editrice Einaudi per i versi tratti da *Foglie d'erba* di Walt Whitman; la Casa Editrice Garzanti per il brano tratto da *Le gioie della scoperta* di Victor Weisskopf; la Casa Editrice Jaca Book per il brano tratto da *Diario di bordo dal mare di Cortez* di J. Steinbeck e E.F. Ricketts; la Casa Editrice Frassinelli per il brano tratto da *Il leopardo delle nevi* di Peter Metthiessen.

Casa Editrice Corbaccio è un marchio di Garzanti S.r.l.
Gruppo editoriale Mauri Spagnol

www.corbaccio.it

ISBN 978-88-6700-655-7

Per Myla, Will, Naushon e Serena
dovunque andiate

Introduzione

Sapete una cosa? Quando si tratta di arrivare da qualche parte, ovunque andiate, ci siete. Qualsiasi cosa abbiate voluto compiere, è quella che avete compiuto. Qualsiasi cosa state pensando, è *questo* che avete in mente. Qualsiasi cosa vi accade è già accaduta. L'interrogativo importante è come vi comporterete. In altri termini: « E ora? »

Vi piaccia o meno questo è il momento che dobbiamo affrontare. Eppure conduciamo troppo facilmente la nostra vita quasi dimenticando per un attimo di essere *qui*, dove già siamo, coinvolti nelle nostre azioni. In ogni momento ci troviamo al bivio fra qui e ora. Ma quando cala la cortina che ci impedisce di vedere dove siamo in un determinato istante rimaniamo disorientati. « E ora? » diventa un vero problema.

Intendo dire con questo che a tratti perdiamo il contatto con noi stessi e con la pienezza delle nostre possibilità, comportandoci invece come robot nel modo di vedere, pensare e agire. In quei momenti ci dissociamo dalle nostre potenzialità più profonde che ci offrono forse le maggiori occasioni di creatività, apprendimento e crescita. Se non prestiamo attenzione, quei momenti di annebbiamento potrebbero prolungarsi fino a dominare la maggior parte della nostra vita.

Per consentirci di avere piena coscienza della situazione in cui ci troviamo, quale che sia, dobbiamo imporci una pausa sufficientemente lunga per inquadrare il presente; sufficiente per *sentirlo*, vederlo nella sua pienezza, esserne consapevoli per conoscerlo e capirlo meglio. Solo allora potremo accettare la verità di quel momento della nostra vita, trarne esperienza e continuare. Invece diamo spesso l'impressione di occuparci del passato, di ciò che è già accaduto o di un futuro non ancora arrivato. Aspiriamo a trovarci altrove, dove speriamo che la situazione sia migliore, più felice, come preferiremmo che fosse o com'era un tempo. Il più delle volte siamo solo in parte consapevoli di questa tensione interiore, ammesso che non la ignoriamo del tutto. Questo vale anche, nel migliore dei casi, per quanto riguarda ciò che stiamo facendo esattamente nella e della nostra vita, ossia per gli effetti che le nostre azioni e, più velatamente, i nostri pensieri hanno su ciò che vediamo e non vediamo, facciamo e non facciamo.

Per esempio, ci accade di dare inconsciamente per scontato che ciò che pensiamo – idee e opinioni coltivate in un determinato momento – costituiscano la « verità » su quanto esiste « là fuori » nel mondo e « qui dentro » nella nostra mente. Il più delle volte non è proprio così.

Paghiamo un prezzo elevato per questa conclusione errata e acritica, per voler ignorare quasi di proposito la ricchezza dei momenti presenti. Le conseguenze si accumulano silenziosamente, condizionando la nostra vita senza che ce ne accorgiamo o che possiamo rimediare. Può accaderci di non essere mai esattamente dove ci troviamo, mai in armonia con la pienezza delle nostre possibilità. Ci chiudiamo invece nell'illusione personale di sapere già chi siamo, dove siamo e dove andiamo, di capire cosa sta accadendo – rimanendo nel contempo avviluppati in pensieri, fantasie e impulsi prevalentemente riguardanti il passato e il futuro, ciò che vogliamo e amiamo, che temiamo e respingiamo, che si dipanano continuamente offuscando la nostra direzione e compromettendo persino la nostra stabilità.

Il libro che avete fra le mani tratta del risveglio da questi sogni e dagli incubi che spesso ne conseguono. Il non rendersi conto di vivere un simile sogno è definito dal buddismo « ignoranza » o inconsapevolezza. Prenderne atto significa « consapevolezza ». La tecnica del risveglio da questa irrealtà è la meditazione, la pratica sistematica della lucidità, della consapevolezza del momento che si vive. Questo risveglio procede di pari passo con ciò che potremmo definire « saggezza », una penetrazione più profonda di causa ed effetto, della correlazione fra le cose, che ci impedisca di farci irretire da una realtà frutto della nostra immaginazione. Per trovare la nostra strada occorrerà prestare maggiore attenzione a questo momento, l'unico che ci consente di vivere, crescere, sentire e cambiare. Dovremo diventare più coscienti e salvaguardarci dall'incredibile attrazione di ogni Scilla e Cariddi del passato e del futuro, dalla realtà fittizia che ci propongono in sostituzione delle nostre vite.

Quando parliamo di meditazione è importante sapere che non si tratta di un'attività curiosa o esoterica, come spesso ritiene la nostra cultura popolare. Non significa mutarsi in una specie di zombie, in un vegetale, in un narcisista rinchiuso in se stesso, concentrato sul proprio ombelico, un «navigatore dello spazio», un fanatico, un devoto, un mistico o un filosofo orientale. Meditazione vuol dire semplicemente essere presenti a se stessi, approfondire la propria autocoscienza. Significa anche arrivare a rendersi conto che, ci piaccia o meno, stiamo percorrendo un cammino, il cammino della vita; la meditazione può aiutarci a capire che in quanto tale esso ha una direzione ed è in costante evoluzione, momento per momento; ciò che accade ora, in questo istante, influenza gli avvenimenti successivi.

Se le cose stanno così, non è logico allora guardarsi attorno ogni tanto per interpretare l'attualità, fare il punto interiormente ed esternamente, per stabilire con chiarezza quale cammino si sta percorrendo e la direzione presa? Se così farete, forse riuscirete più facilmente a tracciarvi una rotta più coerente con la vostra interiorità – un cammino spirituale, un cammino dell'anima, il *vostro* cammino personale. In caso contrario la forza d'inerzia della vostra inconsapevolezza in un dato momento non farà che condizionare quello successivo. Giorni, mesi e anni trascorreranno inavvertiti, inutilizzati, svalutati.

È assai facile rimanere inerti su una discesa scivolosa, immersa nella nebbia, che porta direttamente alle nostre tombe; e poi, in quell'attimo di lucidità e snebbiamento che a volte precede la morte, risvegliarsi e constatare che tutti i nostri concetti su come la vita avrebbe dovuto essere vissuta e su ciò che realmente contava erano, nel migliore dei casi, mezze verità superficiali, basate sulla paura e sull'ignoranza, idee che servivano unicamente a limitare la nostra esistenza, lungi dall'indicarci un modo di vivere realmente autentico.

Nessuno può sostituirsi a noi in quest'opera di risveglio, anche se a volte la famiglia e gli amici tentano disperatamente di arrivare a noi, di aiutarci a vedere con maggior chiarezza, a uscire dalla nostra cecità. Risvegliarsi è un'iniziativa che può essere presa solo autonomamente.

In definitiva, ovunque andiate, è lì che vi troverete. È la *vostra* vita che segue il suo corso.

Al termine di una lunga esistenza dedicata all'insegnamento della consapevolezza, il Budda, dal quale probabilmente molti discepoli speravano di ricevere un aiuto per trovare il loro cammino, riassunse in questo modo la via da seguire: « Siate una luce per voi stessi ».

Nel mio libro precedente, *Full Catastrophe Living*, ho cercato di rendere accessibile alla maggioranza degli americani il cammino verso la consapevolezza, in modo che si sentissero non tanto buddisti o mistici quanto persone dotate di buon senso. La consapevolezza è soprattutto una questione di attenzione e lucidità, qualità umane universali. Ma nella nostra società tendiamo a dare per scontate queste capacità e non pensiamo a svilupparle sistematicamente ponendole al servizio dell'autocomprensione e della saggezza. La meditazione è il processo finalizzato ad approfondire attenzione e consapevolezza, a perfezionarle e a praticarle maggiormente nella nostra vita.

Full Catastrophe Living può essere considerato una carta nautica per le persone in preda a sofferenze fisiche o emotive oppure scosse dagli effetti di tensioni eccessive. Lo scopo era stimolare il lettore a rendersi conto, grazie all'esperienza diretta del prestare attenzione a cose che così spesso ignoriamo, che potrebbero esistere motivi assai concreti per integrare la consapevolezza nel tessuto della propria vita.

Non intendevo tuttavia proporre la consapevolezza come una specie di panacea o di soluzione a buon mercato dei problemi della vita. Tutt'altro. Non conosco nessun procedimento magico e, francamente, non lo ricerco nemmeno. Una vita piena è dipinta con ampie pennellate e molte sono le vie che possono condurre alla comprensione e alla saggezza. Ciascuno di noi ha esigenze diverse e progetti degni da perseguire nel corso della vita. Ciascuno di noi deve tracciarsi una rotta adeguandola alle proprie aspirazioni. Indubbiamente dovete essere pronti per la meditazione, praticarla al momento opportuno, quando sarete disposti ad ascoltare con attenzione la vostra voce, il vostro cuore, il vostro respiro – presenti con e per essi, senza guardare altrove o far qualcosa di meglio e di diverso. Questo è un lavoro difficile.

Ho scritto *Full Catastrophe Living* pensando ai pazienti della nostra clinica per la cura dello stress presso il Medical Center dell'Università del Massachusetts. Sono stato motivato dalle notevoli trasformazioni mentali e fisiche riscontrate da molte persone dopo aver rinunciato a intervenire direttamente sui gravi problemi che le avevano portate in clinica per attenersi invece alla disciplina intensiva di apertura e ascolto della durata di otto settimane che caratterizza la pratica della consapevolezza.

Come carta nautica, il libro doveva fornire ai soggetti particolarmente sofferenti suggerimenti utili per pianificare con cura la propria rotta, illustrare le pressanti necessità di pazienti con gravi problemi medici e dolori cronici e costituire un aiuto per chi subisca vari tipi di situazioni stressanti. Per questi motivi comprendeva una notevole quantità di informazioni sullo stress e la malattia, la salute e la guarigione oltre ad ampie istruzioni sulle tecniche di meditazione.

Questo libro è diverso. Intende fornire un rapido e agevole accesso all'essenza della meditazione consapevole e alle sue applicazioni a persone la cui vita può o meno essere dominata da problemi immediati di stress, dolore e malattia. Si rivolge, in particolare, a coloro che rifuggono dai programmi strutturati e a quanti non amano sentirsi dire cosa devono fare, ma sono sufficientemente interessati alla consapevolezza e sensibili alla sua importanza da tentare di mettere ordine nelle rispettive situazioni accogliendo indicazioni e suggerimenti di varia natura.

Contemporaneamente, questo libro è indirizzato anche a chi già pratica la meditazione e desidera espandere, approfondire e rafforzare l'impegno verso una vita di maggior consapevolezza e lucidità. Suddiviso in brevi capitoli è incentrato sull'essenza della consapevolezza, sia nei tentativi formali di pratica sia negli sforzi intesi a inserirla in tutti gli aspetti della vita quotidiana. Ciascun capitolo costituisce un rapido sguardo attraverso le numerose sfaccettature del diamante della consapevolezza e tutti sono correlati da lievi rotazioni del cristallo. Alcuni possono apparire simili ad altri, ma ogni sfaccettatura è diversa, unica.

Questa esplorazione del diamante della consapevolezza è rivolta a chiunque intenda trovare la via per una vita più sana e saggia. Ciò che si chiede è la disponibilità a considerare con attenzione i momenti presenti, indipendentemente dai loro contenuti, con spirito di generosità, amore verso se stessi e apertura a tutte le possibilità.

La prima parte esamina le motivazioni e i precedenti all'origine della decisione d'intraprendere o approfondire una pratica personale di consapevolezza. Stimola il lettore a sperimentare introducendo in vari modi la consapevolezza nella propria vita. La seconda parte esplora alcuni aspetti fondamentali della pratica meditativa formale, un procedimento che si riferisce a periodi di tempo specifici in cui sospendiamo volontariamente altre attività per dedicarci a metodi particolari atti a coltivare consapevolezza e concentrazione. La terza parte illustra una serie di applicazioni e prospettive. Alcuni capitoli delle tre parti terminano con suggerimenti espliciti utili per inserire la pratica formale e informale della consapevolezza nella propria vita. Si trovano sotto il titolo « PROVA ».

Questo volume contiene sufficienti istruzioni per praticare la meditazione autonomamente, senza ricorrere ad altri materiali o aiuti. All'inizio molti trovano tuttavia utile l'impiego di registrazioni a sostegno della disciplina quotidiana richiesta dalla pratica meditativa formale, come guida alle istruzioni al fine di afferrarne il senso e poter applicarsi da soli. Altri ritengono che in determinati casi l'utilizzo dei nastri sia utile anche dopo anni di pratica.

Per questo è stata preparata una nuova serie di cassette di supporto alla meditazione consapevole (Serie 2). La loro durata varia da dieci minuti a mezz'ora; al lettore inesperto nel campo della pratica meditativa forniscono un arco di tecniche sperimentali e la possibilità di decidere la durata appropriata della pratica formale in determinati momenti e luoghi.

Parte Prima

La fioritura del momento attuale

Per noi spunta solo quel giorno al cui sorgere siamo svegli.
Henry David Thoreau, *Walden*

Cos'è la consapevolezza?

La consapevolezza è un'antica pratica buddista che riveste un profondo significato per la nostra vita attuale. Questo significato non ha alcuna relazione con il buddismo in sé o la conversione al buddismo, ma riguarda tutto ciò che si riferisce al prendere coscienza e vivere in armonia con se stessi e il mondo intero. Comporta l'autoindagine, la messa in discussione della nostra visione del mondo, della posizione che vi occupiamo e l'apprezzamento della pienezza di ciascun momento della nostra esistenza. Soprattutto riguarda il mantenimento del contatto con la realtà.

Dal punto di vista buddista, il nostro normale stato di lucidità è considerato gravemente limitato e limitante, sotto molti aspetti simile a un sogno prolungato più che a uno stato di veglia. La meditazione aiuta a risvegliarsi da questo sonno di automatismo e inconsapevolezza, ponendoci in condizioni di vivere la nostra vita godendo pienamente di tutte le nostre potenzialità consce e inconsce. Saggi, yogi e maestri Zen hanno esplorato sistematicamente questo territorio per migliaia di anni, ricavandone conoscenze che ora potrebbero essere assai utili in Occidente per controbilanciare il nostro orientamento culturale volto al controllo e all'assoggettamento della natura anziché al riconoscimento che ne siamo parte integrante. La loro esperienza collettiva indica che, studiando interiormente la nostra natura di esseri umani, e in particolare la nostra mente mediante un'accurata e sistematica autoanalisi, possiamo riuscire a condurre una vita più soddisfacente, armoniosa e saggia. Offre anche una visione del mondo complementare alla concezione prevalentemente riduttiva e materialistica che attualmente pervade il pensiero e le istituzioni occidentali. Una visione che non è però particolarmente « orientale » o mistica. Nel 1846, nella Nuova Inghilterra, Thoreau ha individuato lo stesso problema nel nostro comune stato mentale descrivendone con grande passione le penose conseguenze.

La consapevolezza è stata definita il cuore della meditazione buddista. Fondamentalmente si tratta di un concetto molto semplice; la sua forza risiede nella sua pratica e applicazione. Consapevolezza significa prestare attenzione in un modo peculiare: di proposito, nel momento presente e senza presunzione. Questo tipo di attenzione produce maggior lucidità, chiarezza e accettazione della realtà in atto. Rende consapevoli del fatto che la vita si svolge solo per momenti successivi. Se non si è pienamente presenti in molti di quei momenti può accadere non solo di lasciarsi sfuggire ciò che è più valido nella propria vita, ma anche di non rendersi conto della ricchezza e profondità delle possibilità personali di crescita e trasformazione.

L'insufficiente consapevolezza del presente, oltre ad azioni e comportamenti inconsci e automatici, spesso indotti da timori e insicurezze radicati, crea altri problemi. Se non vi si pone rimedio questi tendono ad accumularsi nel corso del tempo e alla fine ci lasciano bloccati e privi di contatto con la realtà. Col tempo potremmo perdere fiducia nella nostra capacità di reimpiegare le nostre stesse energie finalizzandole al raggiungimento di maggior soddisfazione e felicità, forse persino di miglior salute.

La consapevolezza fornisce un modo semplice ma vigoroso per sbloccarsi e recuperare saggezza e vitalità. Un modo per riappropriarsi del significato e della qualità della propria vita, compresi i rapporti con la famiglia, l'ambiente di lavoro, il mondo e l'intero pianeta in generale, ma, soprattutto del rapporto con se stessi come persone.

La chiave di questo cammino, che sta alle radici del buddismo, del taoismo e dello yoga e si può trovare anche nelle opere di Emerson, Thoreau, Withman, oltre che nella saggezza degli indiani d'America, è la valutazione del momento in atto e lo sviluppo di un rapporto intimo con esso grazie a una costante cura e discernimento. È l'esatto opposto del prendere la vita come viene.

L'abitudine d'ignorare la realtà attuale privilegiando i momenti futuri conduce direttamente a una totale mancanza di attenzione per la quotidianità in cui siamo coinvolti. A questo si aggiunge una mancanza di lucidità e di comprensione di come la nostra mente condiziona le nostre percezioni e azioni. Essa limita drasticamente la nostra concezione della persona come tale, dei rapporti reciproci e del mondo che ci circonda. Tradizionalmente la religione si è occupata di questi interrogativi fondamentali all'interno di un contesto spirituale, ma la consapevolezza poco ha a che fare con la religione, salvo che nel significato essenziale del termine, quale tentativo di risolvere il profondo mistero della vita e di riconoscere il legame indissolubile con tutto ciò che esiste.

Quando c'impegniamo a prestare attenzione senza riserve, senza farci condizionare da preferenze o antipatie, opinioni e pregiudizi, proiezioni e aspettative, si aprono nuove possibilità e ci viene offerta l'occasione di liberarci dalla camicia di forza dell'inconsapevolezza.

Amo pensare alla consapevolezza semplicemente come all'arte di vivere presenti a se stessi. Non è necessario essere buddista o yogi per praticarla. Infatti, se avete una certa familiarità col buddismo saprete che il principio più importante è essere se stessi e non cercare d'identificarsi in qualcosa di diverso. Fondamentalmente il significato del buddismo è trovarsi in armonia con la propria natura più profonda e lasciarla fluire liberamente all'esterno. Vuol dire risvegliarsi e vedere le cose come sono. « Budda » significa semplicemente una persona che ha riconosciuto la propria vera natura.

Pertanto, la consapevolezza non è in contrasto con una qualsiasi credenza o tradizione – religiosa o persino scientifica – né intende instillare alcunché, in particolare non un nuovo sistema di fede o ideologia. È semplicemente un metodo pratico per rimanere in contatto con la pienezza del proprio essere grazie a un processo sistematico di osservazione, indagine personale e azione consapevole. Non vi è nulla di freddo, analitico o insensibile in questo. La pratica della consapevolezza si esprime con dolcezza, comprensione e attenzione. Un altro modo di definirla sarebbe « amorevolezza ».

*

Una volta, uno studente ha detto: « Quand'ero buddista facevo impazzire genitori e amici, ma da quando sono un budda nessuno si scompone ».

Semplice ma non facile

Praticare la consapevolezza può essere semplice, ma non necessariamente facile. È una metodologia che esige sforzo e disciplina perché le forze contrapposte – il nostro abituale automatismo e la scarsa attenzione – sono estremamente resistenti; sono talmente tenaci ed estranee alla nostra consapevolezza da richiedere obbligatoriamente un impegno interiore e un certo tipo di lavoro solo per dare consistenza ai nostri sforzi mirati a captare coscientemente i vari momenti e rinvigorire la consapevolezza. Questo lavoro è però intrinsecamente gratificante perché ci pone in contatto con molti aspetti della nostra vita che solitamente trascuriamo e perdiamo di vista.

È anche istruttivo e liberatorio. Istruttivo in quanto ci consente letteralmente di vedere con maggior chiarezza e pertanto di penetrare più profondamente in ambiti della nostra personalità da cui ci eravamo allontanati o su cui eravamo restii a indagare. Questo comporta il riemergere d'intense emozioni come dolore, tristezza, vulnerabilità ira e paura che di norma non prendiamo in considerazione né esprimiamo coscientemente. La consapevolezza può anche aiutarci ad apprezzare sentimenti quali gioia, mitezza, felicità che spesso avvertiamo fuggevolmente e distrattamente.

È liberatorio perché c'introduce a nuovi modi di confrontarci con noi stessi e col mondo esterno, liberandoci dalle modalità obbligate da cui ci facciamo spesso irretire. Conferisce anche forza poiché applicare l'attenzione in quel modo consente l'accesso a insospettate riserve di creatività, intelligenza, immaginazione, lucidità, determinazione, capacità di scelta e saggezza insite in noi.

Tendiamo a trascurare particolarmente il fatto che virtualmente pensiamo ininterrottamente. Il flusso incessante di pensieri che emana dalla nostra mente ci lascia scarsissimi momenti di sollievo interiore. Da parte nostra ci riserviamo spazio insufficiente per essere veramente noi stessi, senza sentirci costretti a correre costantemente facendo le cose più svariate. Troppo frequentemente le nostre azioni sono inconsulte, intraprese senza riflessione, dettate da impulsi e pensieri del tutto consueti che passano per la mente come un fiume impetuoso o con la violenza di una cascata. Veniamo travolti dalla corrente che finisce col sommergere la nostra vita portandoci dove forse non intendiamo andare, senza neppure essere coscienti della direzione.

Meditazione significa imparare a svincolarsi dalla corrente, sedere sulla sua sponda, ascoltarla, trarne insegnamento e poi sfruttarne le energie per farci guidare anziché dominare. Questo processo non si svolge magicamente da solo. Richiede energia. Noi chiamiamo «pratica» o «pratica di meditazione» lo sforzo di coltivare la nostra capacità di vivere il presente.

*

Domanda: Come posso districare un groviglio che si trova interamente al di sotto del mio livello di coscienza?
Nisargadatta: Essendo presente a te stesso... se ti osservi con attenzione durante la tua vita quotidiana, con l'intenzione di capire anziché giudicare, in piena accettazione di qualsiasi cosa possa emergere, perché esiste, stimoli il profondo a salire in superficie per arricchire la tua vita e la tua consapevolezza con le sue energie represse. Questa è la grande funzione della consapevolezza; rimuove ostacoli e libera energie mediante la comprensione della vita e della mente. Il sapere è la porta verso la libertà e la vigile attenzione è la madre del sapere.

NISARGADATTA MAHARAJ, *Io sono quello*

Fermarsi

Generalmente si pensa alla meditazione come a un'attività speciale, ma non è del tutto esatto in quanto è la semplicità stessa. A volte, celiando, diciamo: «Non è necessario che tu faccia qualcosa, siediti e basta». Ma meditazione non vuol nemmeno dire limitarsi a sedere. Significa arrestarsi ed essere presenti a se stessi, questo è tutto. La maggior parte del tempo è occupata dalle nostre attività. Sareste in grado di fermarvi anche per un solo momento? Potrebbe essere *questo* momento? Cosa accadrebbe se lo faceste?

Un buon modo di interrompere le nostre occupazioni è passare per un momento alla «modalità dell'essere». Consideratevi un testimone eterno, al di fuori del tempo. Valutate semplicemente questo momento, senza tentare affatto di cambiarlo. Cosa sta accadendo? Cosa provate? Cosa vedete? Cosa sentite?

Quando ci si ferma, l'aspetto curioso è che immediatamente si diventa se stessi. Tutto appare più semplice. In un certo senso è come se foste morti e il mondo continuasse. Se moriste realmente, tutte le vostre responsabilità e obblighi svanirebbero d'incanto. Le loro conseguenze verrebbero gestite in qualche modo senza di voi. Nessun altro può farsi carico dei vostri progetti specifici, che si esaurirebbero e scomparirebbero con voi come è stato per tutti coloro che sono morti. Così non dovete preoccuparvi assolutamente.

Se questo è vero non è più necessario fare un'altra telefonata anche se vi riesce difficile crederlo. Forse non è neppure il caso di leggere qualcosa in questo momento o di sbrigare un'altra faccenda. Riservandovi alcuni attimi di «morte volontaria» arginando le pressioni del tempo, finché vivete sarete liberi di ritagliarne una parte per il presente. «Morendo» ora, in questo modo, in realtà divenite più vivi. Questo è il vantaggio di fermarsi. Non si tratta di un atteggiamento passivo e quando deciderete di riprendere sarà una partenza diversa, poiché vi siete fermati. La pausa contribuisce a rendere più vivaci, ricche e articolate le azioni successive, aiuta a inquadrare nella giusta prospettiva tutte le preoccupazioni e insicurezze. Serve da guida.

PROVA: Più volte nel corso della giornata, fermatevi, sedetevi, e immedesimatevi nella vostra respirazione per cinque minuti o anche solo per cinque secondi. Accettate senza riserve il presente, le vostre sensazioni e come percepite la situazione. In questi momenti non cercate di cambiare nulla, limitatevi a respirare e rilassarvi. Respirate, lasciate correre; astenetevi dal voler produrre qualcosa di diverso in questo momento; mentalmente ed emotivamente lasciate che questo momento sia esattamente com'è e lasciate a voi stessi la libertà di essere così come siete. Poi, quando sarete pronti, muovetevi nella direzione dettata dal cuore, consapevoli e risoluti.

È tutto qui

Una vignetta del *New Yorker*: due monaci Zen in tunica e col capo rasato, uno giovane, l'altro vecchio, siedono l'uno accanto all'altro a gambe incrociate. Il giovane fissa alquanto perplesso il vecchio che si rivolge a lui dicendo: «Non accadrà nient'altro. È tutto qui».

È vero. Solitamente, quando si intraprende qualcosa, è naturale attendersi un esito positivo dai propri sforzi. Vogliamo vedere risultati, fosse anche solo una sensazione piacevole. L'unica eccezione a cui posso pensare è la meditazione: è l'unica attività umana intenzionale e sistematica, essenzialmente *non* finalizzata a tentare di migliorarvi o di ottenere un qualsiasi risultato, ma semplicemente a rendervi consapevoli della situazione esistente. Forse il suo valore consiste precisamente in questo. Forse tutti noi sentiamo l'esigenza di fare, durante la nostra vita, una cosa fine a se stessa.

Non sarebbe però preciso definire la meditazione un «atto». È più corretto descriverla come «modo di essere». Quando comprendiamo che «le cose stanno così», ci liberiamo del passato e del futuro, diveniamo consapevoli di ciò che siamo in quel dato momento.

Di norma questo non viene assimilato immediatamente. Si vuol meditare per rilassarsi, per sperimentare una situazione particolare, divenire una persona migliore, ridurre lo stress o il dolore, rompere con vecchie abitudini o schemi, divenire più liberi e illuminati. Tutti motivi validi per dedicarsi alla pratica meditativa, ma tutti egualmente fonte di problemi se vi attendete soluzioni per il solo fatto che state meditando. Finireste col pretendere un'«esperienza speciale» o col cercare segni di progresso; in questi casi, se non si avverte qualcosa di particolare a breve scadenza, si inizia a nutrire dubbi sul cammino intrapreso o a chiedersi se «lo si è fatto bene».

Nella maggioranza dei campi del sapere questo atteggiamento è del tutto ammissibile; naturalmente, presto o tardi si vogliono registrare progressi prima di proseguire. Ma la meditazione ha una prospettiva del tutto diversa: ogni stato, ogni momento, costituiscono un'esperienza particolare.

Quando rinunciamo a desiderare che in un dato momento accada qualcos'altro, la nostra capacità di misurarci col presente compie un grande passo in avanti. Se speriamo di raggiungere un obiettivo qualsiasi o di svilupparci ulteriormente, non possiamo che partire da dove ci troviamo. Ma se non sappiamo neppure dove siamo – una conoscenza che deriva direttamente dall'esercizio della consapevolezza – malgrado tutti i nostri sforzi e le nostre aspettative non possiamo fare altro che procedere in un circolo vizioso. Così, nella pratica meditativa, il miglior modo per raggiungere una meta qualsiasi è rinunciare al tentativo.

*

> Se la tua mente non è annebbiata da pensieri inutili
> Questa è la miglior stagione della tua vita.
>
> Wu-Men

PROVA: ricordate a voi stessi, di tanto in tanto, che «così stanno le cose». Cercate di scoprire se esiste qualcosa a cui questo non possa essere applicato. Ricordate che l'accettazione del momento presente non significa rassegnazione di fronte alla situazione contingente. Si tratta semplicemente di una chiara ammissione del fatto che *ciò che accade accade*. L'accettazione non vi dice cosa fare. Cosa accadrà poi, cosa deciderete di fare, dipenderà dalla vostra interpretazione del momento. Potreste tentare di agire in base a una profonda conoscenza di « come stanno le cose ». Questo influenza il vostro modo di procedere o di reagire? Riuscite a immaginare in modo assai reale che questa può essere effettivamente la miglior stagione, il più bel momento della vostra vita? In questo caso cosa significherebbe per voi?

Afferrare quegli attimi

Il miglior modo per catturare gli attimi fuggenti è prestare attenzione. È così che si coltiva la consapevolezza. Consapevolezza significa essere vigili, sapere cosa si fa. Ma quando iniziamo a concentrarci su ciò che sta architettando la nostra mente, con ogni probabilità ricadiamo nuovamente e rapidamente nell'assenza, nella disattenzione, come guidati da un pilota automatico. Queste pause sono causate spesso da un'ondata d'insoddisfazione nei confronti di ciò che vediamo o sentiamo in quel momento, da cui deriva un'aspirazione alla diversità, al cambiamento della situazione.

È facile osservare come la mente sia abituata a sfuggire questi momenti di coscienza di sé. È pertanto utile cercare di fissare l'attenzione su un oggetto qualsiasi anche per un breve periodo di tempo. Scoprirete che per coltivare la consapevolezza dovrete costantemente ricordare di essere attenti e vigili. Per riuscirci, dovete ripetervi di guardare, di sentire, di essere. È semplice... controllare a intervalli, mantenere desta l'attenzione attraverso una sequela di momenti senza tempo, essere qui, ora.

PROVA: domandatevi: «Sono sveglio?», «Dov'è la mia mente in questo momento?»

Coordinare il respiro con la mente

Aiuta molto a concentrare l'attenzione disporre di un cavo d'ancoraggio al momento in atto che serva come guida per ritornare sui propri passi quando la mente divaga. In questi casi la respirazione si dimostra assai utile e può rivelarsi un'autentica alleata. Prestando attenzione alla nostra respirazione prendiamo coscienza del nostro esistere in questo momento, pronti a percepire ciò che già sta accadendo.

Il nostro respiro può aiutarci a catturare i singoli momenti e sorprende che la maggior parte della gente non lo sappia. Dopo tutto è una funzione sempre in atto, è lì sotto il nostro naso. Potreste credere che l'abbiamo scoperto per puro caso. Eppure usiamo persino la frase «non ho avuto un momento di respiro», indicando così che i momenti e il respiro possono essere collegati in modo interessante.

Per utilizzare la respirazione ai fini della consapevolezza, sintonizzatevi con quella sensazione... la sensazione dell'inspirazione e dell'espirazione che attraversano il vostro corpo. È tutto. Percepire il respiro. Respirare e sapere che state respirando. Questo non significa inspirare a fondo, fare uno sforzo, cercare di provare una sensazione speciale, oppure chiedervi se lo fate bene. Non vuole nemmeno dire soffermarvisi col pensiero. Si tratta solo della sensazione epidermica del proprio respiro in funzione.

Non è necessaria un'applicazione prolungata, ma unicamente usare il respiro per ritornare alla realtà presente: questo non richiede tempo, solo uno spostamento dell'attenzione. Ma se vi concedete qualche attimo per connettere momenti di consapevolezza, un respiro dopo l'altro, un momento dopo l'altro, vi attendono grandi avventure.

PROVA: inspirate profondamente, poi incominciate a espirare lentamente, seguite l'espirazione per intero concentrandovi sul respiro e mantenendo la mente aperta e libera solo per questo momento, per questo respiro. Abbandonate qualsiasi idea di raggiungere un obiettivo e qualunque tipo di aspettativa. Quando la mente divaga, riportate l'attenzione sul respiro collegando momenti successivi di consapevolezza, respiro dopo respiro. Ripetete l'operazione a intervalli, mentre leggete questo libro.

*

> Kabir chiede: Discepolo, dimmi, cos'è Dio?
> È il respiro contenuto nel respiro.
>
> KABIR

Pratica, pratica, pratica

Applicarsi è utile. Man mano che prendete confidenza col vostro respiro, vi accorgete che l'inconsapevolezza è dovunque. La respirazione v'insegna che non solo l'inconsapevolezza fa parte dell'ambiente, ma *è* l'ambiente stesso. Ve lo fa capire continuamente, dimostrandovi che non è facile rimanere concentrati sulla respirazione, anche se ne avete tutte le intenzioni. Numerosi elementi s'infiltrano, ci distraggono, impediscono la concentrazione. Ci rendiamo conto che nel corso degli anni la mente si è riempita sempre di più, e ora è come un solaio ingombro di ciarpame e roba vecchia. Rendersene conto è un grande passo avanti nella giusta direzione.

Pratica non significa ripetizione

Noi usiamo il termine « pratica » per descrivere come coltivare la consapevolezza, ma non nell'abituale accezione di prove ripetitive per migliorare il più possibile una prestazione o per un'eventuale competizione.

Esercitarsi alla consapevolezza significa impegnarsi in ogni momento a essere presenti a se stessi.

Non esiste una « prestazione », ma solo quel momento. Non cerchiamo di migliorare o di raggiungere alcunché. Non rincorriamo nemmeno conoscenze o visioni particolari, né ci sforziamo di essere acritici, calmi o rilassati. E certamente non sviluppiamo l'autocoscienza né ci abbandoniamo a preoccupazioni d'ordine personale. Semplicemente invitiamo piuttosto noi stessi a immedesimarci in quel momento in piena lucidità, con l'intenzione di assimilare nel miglior modo possibile un orientamento calmo, consapevole ed equanime.

Naturalmente, con la pratica continua e il tipo appropriato di sforzo fermo e lieve nel contempo, calma, consapevolezza ed equanimità si sviluppano e si approfondiscono autonomamente, grazie alla determinazione di rimanere tranquilli e di osservare senza reagire e giudicare. Ne conseguono percezioni e intuizioni, esperienze profonde di tranquillità e di gioia. Ma sarebbe erroneo dire che ci applichiamo perché queste esperienze si materializzino o che sia più utile viverne molte che poche.

Lo spirito della consapevolezza è la pratica fine a se stessa, prendere ogni momento come viene, piacevole o spiacevole, buono, cattivo o brutto, e poi lavorare su quello perché è quanto abbiamo a disposizione in quel momento. Con questo atteggiamento la vita stessa diventa pratica. Dunque, invece di parlare del « fare pratica », sarebbe meglio dire che è la pratica a plasmarvi, o che la stessa vita diventa per voi una guida e un maestro per aiutarvi a meditare.

Per praticare non è necessario uno sforzo eccessivo

I due anni trascorsi da Henry David Thoreau a Walden Pond sono stati soprattutto un esperimento personale di consapevolezza. Thoreau scelse di mettere a repentaglio la propria vita per godere della magia e della semplicità dei momenti presenti. Ma voi non dovere cambiare la vostra vita o trovare un luogo particolare per praticare la consapevolezza. È sufficiente ritagliarvi un poco di tempo per stare tranquilli e per «non-agire», e per armonizzarvi con la vostra respirazione.

Tutto Walden Pond è nel vostro respiro, così come il miracolo del mutare delle stagioni, come i vostri genitori e i vostri bambini, il vostro corpo e la vostra mente. Il respiro è la corrente che collega il corpo alla mente, noi stessi ai genitori e ai bambini, il nostro corpo al mondo esterno. È la corrente vitale in cui non vi sono altro che pesciolini dorati. Per vederli occorre solo la lente della consapevolezza.

*

> Il tempo non è che il ruscello dove vado a pesca. Vi bevo; ma mentre bevo ne scorgo il fondo sabbioso e vedo come sia poco profondo. La sua corrente scorre via, ma l'eternità resta. Vorrei bere profondamente e pescare nel cielo, il cui fondo è ciottoloso di stelle.
>
> THOREAU, *Walden*

> Nell'eternità c'è effettivamente qualche cosa di vero e di sublime. Ma tutti questi tempi, luoghi e condizioni esistono ora e qui. Dio stesso culmina nel momento presente, e non sarà mai più divino, nel corso di tutti i secoli.
>
> THOREAU, *Walden*

Il risveglio

Thoreau l'ha compreso con estrema chiarezza a Walden Pond. Il suo messaggio finale è stato: « Per noi spunta solo quel giorno al cui sorgere siamo svegli ». Per cogliere la realtà della nostra vita, dobbiamo essere vigili nel momento in cui la viviamo. Altrimenti giorni interi, forse tutta l'esistenza, potrebbero trascorrere inosservati.

Un modo pratico per riuscirvi è guardare gli altri e chiedervi se li vedete davvero o se li immaginate solamente. A volte i pensieri funzionano come occhiali dell'immaginario. Quando li inforchiamo vediamo bambini, marito, moglie, lavoro, colleghi, soci e amici immaginari. Possiamo vivere in un presente immaginario rispetto a un futuro immaginario. Inconsciamente, coloriamo tutto, conferendovi la nostra impronta. Eppure, benché nell'immaginazione le cose possano cambiare e dare l'illusione di essere vive e reali, siamo pur sempre coinvolti in un sogno. Ma se togliamo gli occhiali, forse, proprio forse, potremo vedere con maggior precisione che cosa esiste veramente.

Per far questo Thoreau aveva sentito l'esigenza di ritirarsi in solitudine per un periodo di tempo prolungato (rimase a Walden Pond per due anni e due mesi). « Andai nei boschi perché desideravo vivere con saggezza, per affrontare solo i fatti essenziali della vita e per vedere se non fossi capace d'imparare quanto aveva da insegnarmi e per non scoprire, in punto di morte, di non aver vissuto. »

La sua convinzione più profonda: « Incidere sulla qualità del giorno è l'arte più degna... Non ho ancora incontrato un uomo che fosse completamente desto. Come potevo guardarlo in volto? »

PROVA: chiedetevi ogni tanto: «Ora sono sveglio?»

*

O mio interiore, ascoltami, l'altissimo spirito,
Il Maestro, è vicino,
svegliati, svegliati!
Corri ai suoi piedi
proprio ora è vicino al tuo capo.
Hai dormito per milioni e milioni di anni.
Perché non destarti stamane?

KABIR

Semplificate

Se decidete d'iniziare a meditare non è necessario comunicarlo ad altri, raccontare perché lo fate o quali effetti ha su di voi. Effettivamente non vi è modo migliore per sprecare la vostra energia nascente, l'entusiasmo per la pratica meditativa e frustrare i vostri sforzi impedendo che acquisiscano vigore. Meglio meditare senza pubblicizzare.

Ogni volta che provate il forte impulso di parlare della meditazione, di quanto è meravigliosa o difficoltosa, di ciò che fa per voi, o meno, oppure volete convincere altri che farebbe meraviglie per loro, ripensateci e meditate ancora un poco. L'impulso passerà e tutti ne guadagneranno – voi in particolare.

Se non potete arginare le onde, imparate il surf

Si crede comunemente che la meditazione sia un modo per allontanare le pressioni del mondo o della propria mente, ma non è un giudizio accurato. Meditazione non vuol dire estraniarsi dal mondo. Significa vedere le cose chiaramente e assumere deliberatamente posizioni diverse rispetto a esse.

Le persone che vengono alla nostra clinica imparano presto che lo stress è una componente inevitabile della vita.

Pur essendo vero che possiamo imparare, grazie a scelte intelligenti, a non peggiorare la situazione in svariati modi, vi sono cose su cui abbiamo scarso o nessun controllo. Lo stress fa parte della vita degli esseri umani, è intrinseco alla condizione umana; ma questo non significa che nella nostra vita dobbiamo ineluttabilmente soccombere a forze più grandi di noi. Possiamo apprendere a lavorare con esse, comprenderle, trovarvi significati, fare scelte determinanti e sfruttare la loro energia per crescere con forza, saggezza e compassione. La disponibilità ad accettare la realtà e a collaborare con essa è l'elemento essenziale di qualsiasi pratica meditativa.

Un modo per rendere l'idea di come funziona la consapevolezza è immaginare la propria mente come la superficie di un lago o di un oceano. Vi sono sempre onde, a volte grosse, a volte piccole e altre ancora quasi impercettibili; sono prodotte dai venti, che vanno e vengono, variano di direzione e intensità, allo stesso modo in cui le correnti dello stress cambiano la vita sollevando onde nella mente.

Chi non comprende la meditazione ritiene sia una specie di particolare manipolazione interiore che espelle magicamente queste onde dalla superficie della mente, rendendola piatta, pacifica e tranquilla. Ma allo stesso modo in cui non è possibile stendere una lastra di vetro sull'acqua per calmare le onde, non si possono sopprimere artificialmente le onde mentali e non sarebbe intelligente tentare di farlo. Si creerebbero unicamente nuove tensioni e conflitti interiori, non la calma. Questo non vuol dire che lo stato di calma sia irraggiungibile, ma che i tentativi di soffocare l'attività spontanea della mente sarebbero illusori.

Grazie alla meditazione è possibile proteggersi da gran parte del vento che agita la mente. Col tempo gran parte della turbolenza potrebbe placarsi per la mancanza di un'alimentazione costante. Ma indipendentemente da quanto si possa fare, alla fine i venti della vita e della mente riprenderanno a soffiare. Meditazione significa diventare consapevoli di questa realtà e tenerne conto.

Lo spirito della pratica meditativa è stato acutamente illustrato da un poster rappresentante il settantenne yogi Swami Satchitananda con tanto di barba bianca e fluente e tunica svolazzante in equilibrio su una tavola da surf sulle onde di un litorale hawaiano. La didascalia è questa: « Se non potete arginare le onde, imparate il surf ».

Meditare è alla portata di chiunque?

Questa domanda mi viene posta di frequente. Nutro il sospetto che i miei interlocutori siano convinti di non poter meditare, mentre tutti gli altri sono in grado di farlo. Per rassicurarsi, vorrebbero sentirsi dire che non sono i soli, che esistono almeno pochi altri con cui identificarsi, poveri di spirito incapaci di meditare. Ma non è così semplice.

Pensare di essere incapaci di meditare è un po' come ritenere di non saper respirare, concentrarsi o rilassarsi. Praticamente tutti respirano con facilità e in circostanze appropriate quasi tutti possono concentrarsi o rilassarsi.

Spesso si confonde la meditazione con il rilassamento o con un altro stato particolare da raggiungere o percepire. Quando, in seguito a due o tre tentativi, non si arriva a nulla né si riscontra alcuna sensazione speciale, si pensa di far parte di quei pochi che non sanno meditare.

Ma la meditazione non comporta sensazioni speciali, bensì la percezione di ciò che si prova. Non vuol dire rendere la mente vuota e tranquilla, anche se la tranquillità si intensifica con la meditazione e può essere coltivata sistematicamente. Soprattutto, meditazione significa lasciare la mente così com'è e sapere perché il suo stato è proprio quello. Non si tratta di trasferirsi altrove, ma di accettare di essere dove si è già. Se non si comprende questo, si pensa di essere costituzionalmente incapaci di meditare. Ma si tratta pur sempre di un pensiero, e per di più fuorviante.

È vero, la meditazione richiede energia e l'impegno a non desistere. Ma non sarebbe più giusto allora dire « Non voglio proseguire », anziché « Non sono capace »? Chiunque può sedersi e tenere sotto osservazione il respiro o la mente. E non è nemmeno necessario sedersi. Si può meditare camminando, in piedi, coricati, in equilibrio su una gamba, correndo o mentre si fa il bagno. Ma applicarsi anche solo per cinque minuti richiede intenzionalità e perché la meditazione diventi parte della propria vita, anche una certa disciplina. Così, quando qualcuno dice di non saper meditare, in realtà intende dire che non vuole dedicarvi il tempo necessario o che quando ci prova non è soddisfatto di ciò che accade. Non è quello che cercava o sperava, non esaudisce le sue aspettative. Penso che costoro dovrebbero riprovarci, accantonando questa volta le proprie aspirazioni e limitandosi a osservare.

In lode del non-agire

Se sedete per meditare, anche per un momento, questo significa non-intervenire. È molto importante non pensare che questo tipo d'inattività corrisponda a non far nulla. Invece le due realtà non potrebbero essere più dissimili. Qui contano consapevolezza e intenzionalità, anzi ne sono l'essenza.

Superficialmente sembrerebbero esistere due modi di non-agire, uno che comporta l'assenza di qualsiasi lavoro visibile, l'altro che presuppone quella che chiamerei attività in assenza di sforzo. In ultima analisi constateremo che sono la stessa cosa. Quello che conta è l'esperienza interiore. Frequentemente chiamiamo meditazione formale quel processo per cui ci si riserva volutamente un certo tempo per interrompere qualsiasi attività visibile e coltivare l'immobilità, senza un programma prestabilito salvo essere completamente presenti a se stessi in ciascun momento. Senza agire. Forse tali momenti sono il dono più bello che possiamo fare a noi stessi.

Thoreau aveva l'abitudine di starsene seduto per ore sulla soglia di casa, osservando, ascoltando, mentre il sole attraversava il cielo e luci e ombre mutavano impercettibilmente.

*

> A volte non potevo permettermi di sacrificare a nessun lavoro, sia mentale che materiale, il fiore del momento presente. Amo che vi sia un largo margine di respiro, nella mia vita. Talvolta, qualche mattina d'estate, dopo aver fatto il solito bagno, sedevo sulla soglia della capanna, dall'alba al tramonto, rapito in fantasticherie, tra i pini e i noci americani e i sommacchi, in solitudine e silenzio indisturbati, mentre gli uccelli cantavano attorno o svolazzavano quieti per la casa, finché,

> o il sole che penetrava attraverso la mia finestra a occidente, o il rumore del carro di qualche viaggiatore, lontano, sulla strada maestra, mi facevano ricordare il trascorrere del tempo.
> In quelle stagioni io crebbi come il grano di notte – ed esse erano migliori di qualsiasi lavoro manuale. Quel tempo non fu sottratto alla mia vita, ma mi veniva concesso in sovrappiù, oltre a quello che usualmente m'è elargito. Capii cosa gli orientali intendano per contemplazione e abbandono del lavoro. Per la maggior parte, non mi curavo che le ore passassero. Il giorno avanzava come per illuminare qualche mio lavoro; era mattina e – guarda! adesso è sera, e io non ho fatto nulla degno di nota.
> Invece di cantare come gli uccelli io sorridevo alla mia fortuna. Come il passero emetteva i suoi trilli, sopra il noce, davanti alla mia porta, così, dal mio nido, io lanciavo i miei gridi o i miei canti sommessi, che egli poteva udire.
>
> THOREAU, *Walden*

PROVA: se praticate la meditazione quotidiana, cercate di riconoscere in essa la fioritura del momento presente. Se vi alzate presto, uscite e guardate (a lungo, coscientemente, con attenzione) le stelle, la luna, la luce dell'alba quando inizierà a diffondersi. Percepite l'aria, il freddo, il caldo (a lungo, con consapevolezza e attenzione). Rendetevi conto che il mondo attorno a voi è immerso nel sonno. Quando osservate il firmamento ricordate che visivamente vi collocate milioni di anni addietro. Il passato è presente ora e qui.

Poi andate a sedervi o meditate supini. Fate in modo che il tempo dedicato alla pratica meditativa corrisponda alla sospensione di ogni attività, al passaggio alla modalità dell'essere, in cui vi collocate semplicemente immobili e consapevoli, osservando lo svolgersi del presente momento per momento, senza aggiungere o sottrarre nulla, affermando che « È questo ».

Il paradosso del non-agire

È difficile per gli americani apprezzare il sapore e la pura gioia dell'inattività, dato che la nostra cultura attribuisce un così grande valore all'agire e al progresso. Anche i nostri periodi di riposo sono tendenzialmente attivi e irriflessivi. La gioia del non-intervenire risiede nel fatto che non occorre che accada altro perché questo momento sia completo. La saggezza ivi contenuta e l'equanimità che ne deriva consistono nella convinzione che sicuramente qualcos'altro succederà.

Quando Thoreau dice: « Era mattina e – guarda! – ora è sera e nulla di memorabile è stato fatto », per la gente intraprendente e orientata verso il progresso è come agitare un drappo rosso davanti a un toro. Ma chi può dire che le sue riflessioni su un mattino trascorso sulla soglia di casa siano meno memorabili e valide che una vita dedita agli affari, vissuta con scarso apprezzamento per la tranquillità e la fioritura del momento presente?

Thoreau cantava una canzone che doveva essere ascoltata così allora come oggi. E tuttora indica continuamente, per chi è disposto ad ascoltare, l'importanza profonda della contemplazione e del non attaccamento a qualsiasi risultato diverso dalla pura gioia di esistere, « di gran lunga migliore di qualsiasi prodotto della mano umana ». Questo concetto richiama alla mente il vecchio maestro Zen che diceva: « Oh! Oh! Per quarant'anni ho venduto acqua presso il fiume e tutto il mio lavoro è stato inutile ».

Queste riflessioni sono indubbiamente paradossali. Ma l'unico modo per realizzare qualcosa di valido è far sì che provenga dal non-agire, senza preoccuparsi se sarà utile o meno. Altrimenti l'autocoinvolgimento e l'avidità possono insinuarsi e distorcere il rapporto col lavoro o il lavoro stesso, rendendolo inconcludente, condizionato, impuro e in definitiva non del tutto soddisfacente, anche se ben riuscito. Tutti gli scienziati conoscono questo stato mentale e mettono in guardia, perché inibisce il processo creativo e distorce le capacità personali di vedere con chiarezza le connessioni.

Il non-agire in atto

Il non-agire può essere attuato all'interno dell'azione o dell'immobilità. La quiete interiore di chi opera si fonde con l'attività esterna al punto che l'azione crea se stessa. Un'attività con forza propria, nulla di costrittivo. Nessuna applicazione della volontà, nessun meschino « io », « me » o « mio » che rivendichi un risultato, anche se nulla rimane incompiuto. Il non-agire è la pietra angolare della maestria in qualsiasi campo dell'attività. Questa è un'illustrazione classica dalla Cina del terzo secolo.

> C'era una volta un cuoco che spartiva un bue per il suo padrone che era un principe. Nei movimenti della mano e della spalla, dei ginocchi e dei piedi del cuoco v'era dell'armonia e del ritmo. Il suono della lama del suo coltello era come il canto di una melodia severa e precisa.
>
> Il principe che lo vide al lavoro disse pieno di meraviglia: « Ma bravo davvero! Ecco quello che io chiamo abilità perfetta! » Allora il cuoco depose il coltello e disse: « Il tuo servo ama il Tao e ciò è qualcosa di più della perfetta abilità. Quando cominciai a spartire il primo bue non vedevo altro che il bue. Dopo tre anni non riuscivo ancora a conoscere l'intero bue dopo averlo guardato soltanto. Ora invece mi avvicino a esso con lo spirito e non con gli occhi. Ho abbandonato il sapere che deriva dai sensi e seguo unicamente i moti dello spirito. Mi attengo soltanto alle leggi della natura. Il mio coltello divide le grandi suture e scivola fra le fessure dei muscoli seguendo le sua strada naturale. La sola abilità non basta neppure per dividere la carne dalle ossa e ancor meno per dividere un osso dall'altro.
>
> « Un buon cuoco che abbia l'ufficio di spartire la carne cambia

coltello una volta all'anno, un cattivo cuoco che colpisce la carne cambia coltello ogni mese. Io ho questo coltello da diciannove anni... eppure il suo taglio è fine come se lo avessi affilato or ora.

« Bisogna sapere che le articolazioni hanno tanti sottili interstizi, mentre il taglio del coltello non ha spessore. Ma ciò che non ha spessore penetra negli interstizi più sottili. Per questo il filo del mio coltello è tagliente come se lo avessi fatto or ora. Eppure ogni qual volta io arrivo alle giunture vedo tutta la difficoltà dell'opera; raccolgo allora la mia attrezzatura, tengo la vista ferma e i movimenti delle mie mani sono tranquilli. Muovo il coltello solo di un poco ed ecco la giuntura s'apre scricchiolando e cade come se fosse una zolla di terra.

« Allora io mi alzo, il coltello in mano, mi volgo da ogni parte, pulisco la lama quietamente e pieno di contentezza e ripongo il coltello nella sua fodera ».

Disse allora il principe: « Degno di lode invero! Ho ascoltato le parole di un cuoco e ho inteso la saggezza naturale della vita! »

CHUANG TZU

Il non-agire nella pratica

Non-agire non sottintende indolenza o passività. Al contrario. Occorre grande coraggio ed energia per coltivare il non-agire sia nello stato di quiete sia di attività. E non è facile nemmeno trovare un po' di tempo da dedicarvi, se consideriamo il gran numero di incombenze che solitamente riempiono la nostra vita quotidiana.

Ma il non-agire non deve essere d'impedimento per coloro che sono convinti di dover sempre portare a termine i propri compiti. Potrebbero scoprire di svolgerli meglio praticando il non-agire. Non-agire significa semplicemente lasciare che le cose seguano il proprio corso e si svolgano a loro modo. Può richiedere un'enorme applicazione, ma si tratta di uno sforzo piacevole, sapiente, senza fatica, di un «agire senza artefice», coltivato nel corso di un'intera vita.

L'azione non premeditata si esplica a volte nella danza o negli sport, ai massimi livelli di prestazione, quando gli spettatori rimangono col fiato sospeso. Ma può aver luogo anche in ogni campo dell'attività umana, dalla pittura alla riparazione dell'auto all'educazione dei figli. In certe circostanze sono utili anni di pratica e di esperienza, che fanno emergere un'imprevista capacità di lasciare che l'esecuzione si svolga al di là della tecnica, dell'esercizio e del pensiero. L'azione diventa allora una pura espressione dell'arte, dell'essere, del non-agire – la fusione fra mente e corpo in movimento. Si rimane elettrizzati assistendo a una prestazione eccezionale, atletica o artistica, perché consente di partecipare alla magia dell'autentica maestria, di sentirsi su un piano più elevato e forse di condividere l'aspirazione di poter raggiungere, ciascuno a suo modo, tali momenti di grazia e armonia nella conduzione della propria vita.

Thoreau ha detto: «Incidere sulla qualità della giornata è l'arte più degna». Martha Graham, parlando della danza, si è espressa così: «La cosa importante è quell'unico attimo in movimento. Riuscire a renderlo vitale e degno di essere vissuto. Non permettere che sfugga inosservato e non utilizzato».

Nessun maestro di meditazione avrebbe potuto esprimersi meglio. Noi possiamo fare apprendistato in questo lavoro, sapendo benissimo che non-agire è in realtà il lavoro di tutta una vita, nella costante consapevolezza che di solito la modalità del fare è talmente radicata in noi che, paradossalmente, coltivare il non-agire richiede uno sforzo considerevole.

La meditazione è sinonimo della pratica del non-agire in quanto non ci si esercita per perfezionare una capacità o per eseguire qualcosa perfettamente. Ci si applica invece per afferrare e realizzare (rendere reale) il fatto che tutto è già perfetto così com'è. Questo comporta lasciarsi coinvolgere in modo totale dal momento presente nella sua pienezza senza sovrapporvi altro, assimilando la purezza e la freschezza del suo potenziale per dare origine al momento successivo. In seguito, compresa la situazione, vedendo con la maggior chiarezza possibile e consapevoli di non sapere più di quanto sappiamo effettivamente, siamo in grado di agire, fare una mossa, prendere posizione, rischiare. Alcuni definiscono questo come un flusso, un momento che fluisce senza scosse o sforzo in quello successivo, contenuto nell'alveo della consapevolezza.

PROVA: durante la giornata, cercate di individuare la fioritura del momento presente in ogni momento, in quelli comuni, «intermedi» o persino difficili. Imparate a lasciare che nella vostra vita le cose si svolgano senza intervenire perché accadano e senza respingere quelle che non concordano con la vostra idea di ciò che «dovrebbe» avvenire. Provate ad avvertire gli «spazi» attraverso i quali muoversi nello spirito del cuoco di Chuang Tzu. Se vi è possibile ricavare un po' di tempo all'inizio della giornata per essere, senza progetti preordinati, osservate in che modo cambia la qualità di quel che resta del giorno.

Chiarendo innanzitutto che cosa è prioritario nel vostro essere, provate a fare un passo avanti nella consapevolezza che comprenda tutta la giornata e vi faccia percepire e apprezzare meglio e con maggiore prontezza la fioritura di ciascun momento.

La pazienza

Alcuni atteggiamenti o qualità mentali assecondano la pratica meditativa e forniscono un terreno fertile in cui possono germogliare i semi della consapevolezza. Coltivando di proposito queste qualità dissodiamo il suolo della mente garantendo che potrà servire quale fonte di chiarezza, compassione e azione equanime nella nostra vita.

Queste qualità interiori che sostengono la pratica della meditazione non possono essere imposte, istituzionalizzate o decretate. Si possono solo *coltivare* e unicamente quando avrete raggiunto il punto in cui la vostra motivazione interiore sarà sufficientemente forte da indurvi a non contribuire più alla vostra sofferenza e confusione e forse a quelle altrui. Questo significa comportarsi eticamente – un concetto tristemente svilito in molti ambienti.

Alla radio ho udito qualcuno definire l'etica come « obbedienza al facoltativo ». Non male. Infatti la si pratica per motivazioni proprie, non perché qualcuno ne tiene la registrazione o per non incorrere in punizioni se s'infrangono le regole. Si marcia al ritmo del proprio rullo di tamburo, si ascolta una voce interiore, come interiore è il terreno arato per la coltivazione della consapevolezza. Ma non si può ottenere l'armonia senza impegnarsi nel comportamento etico, la staccionata contro le capre che divorerebbero i giovani germogli del vostro giardino.

Considero la pazienza un atteggiamento etico fondamentale. Se praticate la pazienza è quasi inevitabile che coltiviate anche la consapevolezza e inoltre la vostra pratica meditativa diverrà gradualmente più ricca e matura. Dopo tutto, se in questo momento non intendete mutare il corso degli eventi, la pazienza sa come trovare applicazione. Ci ricorda che le cose si svolgono secondo i propri ritmi. Non si può anticipare le stagioni; arriva la primavera e l'erba cresce da sola. Solitamente avere fretta non aiuta e può creare molte sofferenze, a volte in noi, a volte in chi ci è vicino.

La pazienza è un'alternativa onnipresente all'endemica irrequietezza e insofferenza della mente. Scalfite la superficie dell'impazienza e al di sotto, a una profondità variabile, troverete la rabbia. Si tratta di una intolleranza così forte nei confronti della realtà che si finisce per addossarne la colpa a qualcuno (spesso a se stessi) o a qualcosa. Questo non significa che non si debba affrettarsi quando è il caso; è persino possibile affrettarsi con pazienza e consapevolezza, muovendosi velocemente per propria scelta.

Secondo la prospettiva della pazienza, ciascuna situazione si verifica come conseguenza di altre. Nulla è separato o isolato e non esiste nessuna causa prima e assoluta. Se qualcuno vi colpisce con un bastone, non ve la prendete con l'oggetto o col braccio che ha vibrato il colpo, bensì con la persona connessa al braccio. Ma se approfondite un poco, non riuscite a trovare una causa prima o un obiettivo soddisfacente per la vostra ira, persino contro quella persona, che letteralmente non sa cosa sta facendo e in quel momento ha perso il lume della ragione. Dove dirigere il rimprovero o la punizione? Forse dovremmo accusare i genitori di quella persona per i maltrattamenti magari inflitti a un bambino privo di difesa. O forse la società per la sua scarsa comprensione. Ma cos'è la società? Non ne fate parte anche voi? In determinate condizioni non vi lasciate sopraffare voi stessi da impulsi di collera anche violenti o persino delittuosi?

Il Dalai Lama non mostra risentimento verso i cinesi, anche se per anni il governo di Pechino ha inflitto ai tibetani il genocidio, lo smantellamento delle loro istituzioni, credenze e di qualsiasi cosa a cui tengono; persino la distruzione del paese stesso su cui vivono. Quando gli fu attribuito il premio Nobel per la pace, a un giornalista che non riusciva a credere alla sua mancanza di rancore verso i cinesi, il Dalai Lama rispose: «Ci hanno preso tutto, dovrei permettere che mi prendano anche la mente?»

Questo atteggiamento è di per sé una notevole manifestazione di pacifismo... della pace interiore derivante dalla consapevolezza di ciò che è più importante e della pace esteriore che consente di dare sostanza alla saggezza con l'atteggiamento e l'azione. La pace e la determinazione a portar pazienza di fronte a tale enorme provocazione e sofferenza possono svilupparsi solo coltivando la compassione, non limitata però agli amici, bensì sentita egualmente per coloro che, per ignoranza spesso interpretata come malvagità, possono causare sofferenze a voi e ai vostri cari.

Quel grado di compassione altruistica si basa sulla forma mentale che i buddisti chiamano « giusta consapevolezza » e « giusta comprensione ». Non si tratta di una manifestazione spontanea; occorre praticarla, coltivarla. I sentimenti di collera emergono, ugualmente, ma l'ira può essere usata, strumentalizzata, controllata in modo che le sue energie alimentino pazienza, compassione, armonia e saggezza in noi e forse anche in altri.

Dedicandoci alla meditazione, noi coltiviamo la qualità della pazienza ogni volta che ci fermiamo, ci sediamo e avvertiamo il flusso della nostra respirazione. E l'autoinvito a essere più aperti, più in contatto, più pazienti con i nostri momenti si estende naturalmente anche ad altri periodi della vita. Sappiamo che gli avvenimenti si svolgono secondo la loro natura; possiamo fare in modo che accada anche per le nostre vite. Non dobbiamo permettere che le ansietà e il desiderio di determinati risultati prevalgano sulla qualità del momento, anche in situazioni dolorose. Quando dobbiamo spingere spingiamo, se occorre tirare tiriamo. Ma sappiamo anche quando non dobbiamo fare né una cosa né l'altra.

Con tutto questo tentiamo di apportare equilibrio al momento presente, comprendendo che nella pazienza risiede la saggezza, sapendo che il futuro sarà determinato in gran parte da come siamo ora. È utile tenerlo presente quando diventiamo impazienti nella pratica meditativa o ci sentiamo frustrati, intolleranti e irritati nei vari momenti della nostra vita.

> La purezza del torbido si ottiene con la calma
> La calma si ottiene generandola lentamente.
>
> LAO TZU, *Tao-te-Ching*

> Esisto come sono e tanto mi basta,
> Se nessuno nel mondo lo sa me ne resto tranquillo,
> Se ognuno e tutti lo sanno me ne resto tranquillo.

Un mondo almeno lo sa e di gran lungi il più vasto per me
è cioè il mio io,
E sia che oggi consegua tutto quanto mi spetta, o
Debba attendere dieci mila anni o dieci milioni di anni,
Posso accettarlo adesso con letizia, e con uguale letizia
Posso aspettarlo.

WALT WHITMAN, *Foglie d'erba*

PROVA: considerate l'impazienza e l'ira quando si presentano. Chiedetevi se potete adottare una prospettiva diversa, considerando gli eventi nel loro corretto svolgimento temporale. Questo è particolarmente utile quando siete sotto pressione, bloccati oppure ostacolati nei vostri progetti. Per quanto possa apparirvi difficoltoso, in quel momento cercate di evitare ogni forzatura, ma ascoltate attentamente che cosa dice la corrente del fiume. Cosa vi consiglia di fare? Se suggerisce di non agire allora limitatevi a respirare, lasciate le cose come stanno, lasciate correre con pazienza, continuate ad ascoltare. Se il fiume dice qualcosa allora intervenite, ma consapevolmente. Poi fate una pausa, attendete con pazienza, ascoltate ancora.

Mentre seguite il lieve flusso della vostra respirazione durante la pratica meditativa formale, osservate l'occasionale stimolo della mente ad affrontare qualcos'altro, il desiderio di occupare il vostro tempo o di cambiare ciò che sta accadendo. In quei momenti, invece di distrarvi, cercate di sedere pazientemente all'unisono con il vostro respiro e con l'acuta consapevolezza di quanto si sta svolgendo istante per istante, lasciando che segua il suo corso, senza intervenire a tutti i costi... solo osservare, solo respirare... incorporando tranquillità, divenendo la pazienza stessa.

Lasciar correre

La frase «lasciar correre» occupa una posizione di rilievo fra i cliché della Nuova Era del secolo. Benché spesso se ne abusi, si riferisce a un comportamento interiore che, indipendentemente dal cliché, merita di essere sviscerato. Si può apprendere qualcosa di vitalmente importante dalla sua pratica.

Lasciar correre è un'espressione che si spiega da sola. È un invito a smettere di aggrapparsi ad alcunché – un'idea, un oggetto, un avvenimento, un'occasione, un punto di vista o un desiderio in particolare. È la decisione consapevole di abbandonarsi in piena accettazione al flusso dei momenti presenti man mano che si susseguono. Lasciar correre significa rinunciare alla coercizione, alla resistenza, alla lotta in cambio di qualcosa di più forte e completo che è la conseguenza immediata del lasciare le cose come stanno, senza farsi condizionare da propensioni o repulsioni, dall'intrinseca viscosità di desideri, simpatie e antipatie. È come lasciare aperto il palmo della mano liberando dalla stretta ciò che vi era contenuto.

Ma si può essere invischiati non solo dai desideri materiali. Né si tratta unicamente di rimanere aggrappati con le proprie mani. Si mantiene la presa anche con la mente. Restiamo prigionieri, bloccati *noi stessi*, attaccandoci spesso disperatamente a concezioni meschine, speranze e aspirazioni fini a se stesse. Lasciar correre significa veramente preferire la trasparenza alle forti pulsioni delle nostre simpatie e antipatie personali e all'inconsapevolezza con cui vi rimaniamo affezionati. Essere trasparenti comporta lasciare interagire paure e insicurezze nell'ambito della piena consapevolezza.

Lasciar correre è possibile unicamente riconoscendo e accettando la scomoda realtà dello stato d'immobilismo in cui ci troviamo, ammettendo l'esistenza di uno schermo inconscio fra noi e i nostri interlocutori che filtra, colora, piega e distorce la visione. In quei momenti di disagio potremo aprirci, soprattutto se saremo capaci di captarli consapevolmente ammettendo di essere prigionieri della spirale dell'avidità, dell'egoismo e dell'ostilità per salvaguardare il nostro interesse.

Tranquillità, comprensione e saggezza si possono ottenere solo nei momenti di completezza, in cui né si cerca né si afferra Né si respinge alcunché. È una situazione verificabile. Fate una prova per vostra soddisfazione; vedrete voi stessi che lasciar correre quando una parte di voi oppone resistenza produrrà una gratificazione più profonda.

Astenersi dal giudicare

Non occorre meditare a lungo per scoprire che un settore della nostra mente vaglia continuamente le esperienze, confrontandole con altre, opponendole ad aspettative o luoghi comuni di nostra creazione, spesso motivati dal timore. Timore di non essere all'altezza, paura che accada qualcosa di brutto, che la situazione favorevole non duri, che altri possano danneggiarci: pensiamo di non farcela, convinti di una cosa sola e cioè di essere gli unici a non sapere nulla. Tendiamo a vedere la realtà attraverso lenti colorate: la lente del dubbio riguardo al giudicare positivamente o negativamente, al ritenere valida o meno un'idea. Se è buona mi piace, altrimenti no. Se non è né l'uno né l'altro rimango indifferente e la noto appena.

Quando vi trovate in stato di tranquillità, la mentalità discriminante si fa sentire come un megafono. Non sopporto questo dolore al ginocchio... Che noia!... Mi piace questa sensazione di tranquillità; ieri ho svolto una buona meditazione, oggi no... Con me non funziona, non ne sono capace, non riesco e basta. È come portare sul capo una valigia piena di sassi; è un sollievo poterla posare a terra. Immaginate cosa può significare sospendere qualsiasi giudizio, lasciando che ciascun momento rimanga così com'è, senza tentare di valutarlo come « buono » o « cattivo ». Questa sarebbe l'autentica serenità, la vera liberazione.

Meditazione significa assumere un atteggiamento acritico verso i pensieri di qualsiasi genere che si susseguono nella mente. Altrimenti non ha alcun valore. Questo non significa che i giudizi non continuino; anzi, è nella natura stessa della mente confrontare, giudicare e valutare. Quando questo avviene non dobbiamo tentare di porvi termine o d'ignorarlo, come non cercheremmo di bloccare qualsiasi altro pensiero che ci venisse alla mente.

L'atteggiamento da assumere durante la meditazione consiste semplicemente nel registrare qualsiasi elemento presente nella mente e nel corpo riconoscendolo con spirito neutrale, sapendo che i nostri giudizi sono pensieri inevitabili e necessariamente limitati rispetto all'esperienza. Ciò che c'interessa nella meditazione è il contatto diretto con l'esperienza stessa – si tratti di un'inspirazione o espirazione, una sensazione, un suono, un impulso, un pensiero, una percezione o un giudizio. Dobbiamo però vigilare costantemente sulla tentazione di valutare i giudizi stessi o di etichettarne alcuni come buoni, altri come cattivi.

Il nostro pensiero condiziona la totalità dell'esperienza ma il più delle volte tende a essere scarsamente accurato. Solitamente si tratta di opinioni personali disinformate, di reazioni e pregiudizi fondati su conoscenze limitate e influenzate innanzitutto da condizionamenti passati. Tuttavia, se non riconosciuto e identificato come pesantemente ipotecato dal passato, il nostro pensiero può impedirci di veder chiaro nel presente. Ci culliamo nell'illusione di sapere che cosa vediamo e percepiamo e distribuiamo giudizi a ruota libera su tutto. La familiarità con questo schema profondamente radicato e la sua attenta osservazione possono condurre a maggiore ricettività e accettazione scevre da giudizi.

Un orientamento acritico non significa certamente cessare di sapere come agire o comportarsi responsabilmente nella società o pensare che qualsiasi cosa gli altri facciano sia giusta. Vuol semplicemente dire che possiamo agire con più chiarezza nella vita, essere più equilibrati, efficienti ed etici nelle nostre attività sapendo di essere immersi in una corrente di simpatie e antipatie inconsce che costituiscono uno schermo fra noi, il mondo e la purezza essenziale del nostro essere. Forme mentali di predilezione o avversione possono insediarsi permanentemente in noi alimentando inconsciamente comportamenti di dipendenza in tutti gli aspetti della vita. Quando si è capaci di riconoscere e identificare i semi dell'avidità o della bramosia, per quanto tenui, nel costante desiderio o perseguimento di risultati oppure i semi dell'avversione e dell'odio nel respingere o cercare di evitare certe situazioni, ci si ferma per un momento, ricordando che tali forze sono realmente al lavoro quasi costantemente nella mente con maggiore o minore intensità. Non è esagerato affermare che posseggono una tossicità cronica, quasi virulenta che ci impedisce di vedere le cose così come sono realmente e di mobilitare il nostro autentico potenziale.

La fiducia

La fiducia è la sensazione di certezza o convinzione che le cose possono svolgersi in un contesto affidabile di ordine e integrità. Forse non comprendiamo sempre cosa accade a noi o ad altri o la ragione di una particolare situazione; ma se abbiamo fiducia in noi stessi, in qualcun altro, o ci affidiamo a un procedimento o a un ideale, possiamo trovare un forte elemento stabilizzante che comprende sicurezza, equilibrio e franchezza che, se non sono basati sull'ingenuità, in un certo senso ci guidano e proteggono intuitivamente dal male e dall'autodistruzione.

Nella pratica della consapevolezza è importante coltivare il senso di fiducia, perché se non confidiamo nella nostra capacità personale di osservare, essere aperti e attenti, riflettere sull'esperienza, crescere e apprendere dall'osservazione e dall'applicazione, ci riuscirà molto difficile sviluppare una qualsiasi fra queste capacità, che appassiranno e rimarranno allo stato latente.

Un aspetto della pratica della consapevolezza è coltivare un atteggiamento fiducioso. Iniziamo con l'indagare profondamente sulle nostre sicurezze interiori. Se non riusciamo a stabilire immediatamente su che cosa possiamo fare affidamento dentro di noi, forse abbiamo bisogno di esaminarci più a fondo, di autoconfrontarci un po' più a lungo in tutta tranquillità e limitandoci a «essere». Se siamo inconsapevoli per la maggior parte del tempo di ciò che facciamo e non siamo particolarmente soddisfatti di come si svolge la nostra vita, forse è il momento di prestare maggior attenzione, di essere più presenti a noi stessi, di valutare le nostre scelte e le loro conseguenze nel futuro.

Forse potremmo provare a fidarci del momento presente, accettando ciò che sentiamo o pensiamo in *questo* momento perché è il presente in atto. Se sapremo prendere posizione e ci abbandoneremo al presente in tutta la sua pienezza, forse scopriremo che il momento attuale merita la nostra fiducia. Da tali esperimenti continuamente reiterati può scaturire la sensazione nuova che nel nostro animo esiste un nucleo fondamentalmente sano e degno di fiducia e che le nostre intuizioni, quali echi profondi dell'attualità del momento presente, la meritano pienamente.

*

Sii forte allora ed entra nel tuo stesso corpo;
dove avrai un appoggio solido per i tuoi piedi.
Pensaci attentamente!
Non allontanarti!
Kabir dice questo: liberati di tutti i tuoi pensieri
di cose immaginarie,
e rimani fermo in quello che sei.

Kabir

La generosità

La generosità è un'altra qualità che al pari della pazienza, del lasciar correre, del non giudicare e aver fiducia fornisce una base solida per la pratica della consapevolezza. Potreste provare a usare la generosità come strumento di una profonda auto-osservazione e indagine e anche come iniziazione al dare. Un buon punto di partenza siete voi stessi. Vedete se potete regalarvi autentiche benedizioni come autoaccettazione o brevi periodi di tempo ogni giorno privi di progettualità. Abituatevi a sentirvi degni di accettare questi doni senza obblighi – a ricevere semplicemente da voi stessi e dall'universo.

Cercate di capire se siete in grado di collegarvi con un vostro nucleo interiore incalcolabilmente ricco sotto tutti gli aspetti importanti: lasciatelo irradiare all'esterno la sua energia attraverso il vostro corpo e oltre. Provate a riversare questa energia – inizialmente a piccole dosi – verso voi stessi e altri senza aspettative di remunerazione o di guadagno. Date più di quanto credete di poter dare, fiduciosi di essere più ricchi di quanto pensiate. Celebrate questa ricchezza, date come se fosse inesauribile. Questo è « dare regalmente ».

Non parlo unicamente di denaro o proprietà materiali, anche se può essere meravigliosamente utile alla crescita, entusiasmante e veramente vantaggioso condividere l'abbondanza di questi beni. Il consiglio che vi viene dato in questa sede riguarda l'esercitarvi a dispensare la pienezza del vostro essere, del meglio che è in voi, l'entusiasmo, la vitalità, lo spirito, la fiducia, la disponibilità e soprattutto la vostra presenza. Condividere tutto questo con voi stessi, con la vostra famiglia, col mondo.

PROVA: concentrate l'attenzione sulla vostra resistenza all'impulso di dare, alle preoccupazioni per il futuro, alla sensazione di dare forse troppo, al pensiero di non essere apprezzati «abbastanza», all'idea che finirete col rimetterci, che non ne ricaverete nulla o che non potete permettervelo. Considerate la possibilità che nulla di tutto questo sia vero, ma che si tratti solo di forme d'inerzia, costrizione e cautela basata sulla paura. Questi pensieri e sentimenti rappresentano le superfici ruvide dell'egoismo che fanno attrito rispetto al mondo e spesso procurano a noi e ad altri sofferenza e un senso di estraniamento, isolamento e impoverimento. Levigare queste asperità aiuta a divenire più consapevoli della propria ricchezza interiore. Praticando la generosità consapevole, elargendo e osservandone gli effetti su di noi e sugli altri ci trasformiamo e purifichiamo, scoprendo aspetti inusitati di noi stessi.

Potreste obiettare di non avere sufficiente energia o entusiasmo per privarvi di alcunché, di essere già in ristrettezze o impoveriti. O avere l'impressione di non far altro che dare, dare, dare, il che appare naturale a tutti, non apprezzato e nemmeno notato, oppure di usare l'altruismo come difesa dalla sofferenza e dalla paura o come un modo per assicurarvi che il vostro prossimo vi ama e sente di dipendere da voi. Schemi e rapporti così complessi richiedono attenzione e analisi accurate. Dare irriflessivamente non è mai sano o generoso; è importante comprenderne le motivazioni e riconoscere quando alcune forme di altruismo non hanno origine dalla generosità ma piuttosto da paura e mancanza di fiducia.

Coltivare consapevolmente la generosità non comporta necessariamente spogliarsi di tutto, talvolta neppure di qualcosa. La generosità è soprattutto un dono interiore, una condizione emotiva, la disponibilità a condividere il proprio essere con il mondo intero. È assai importante fidarsi e seguire i propri impulsi ma, nel contempo, bisogna camminare sul filo del rasoio e correre qualche rischio come parte dell'esperimento. Forse dovete dare meno o fidarvi delle vostre intuizioni riguardo alla sensazione di essere sfruttati o a motivi e istinti malsani. Forse sentite la necessità di dare, ma in modo diverso e a persone diverse. Forse, più di tutto e per un certo lasso di tempo, sentite di dover dare a voi stessi. Poi potreste provare a dare ad altri un minimo in più di quanto credete possibile, prendendo atto consapevolmente e abbandonando qualsiasi idea di reciprocità.

Cominciate col dare, non attendete che vi venga chiesto. Osservate cosa accade, a voi in particolare. Potreste notare l'acquisizione di maggior chiarezza su voi stessi e sui vostri rapporti, e anche più energia, anziché meno. Potreste accorgervi che invece di esaurire voi stessi o le vostre risorse contribuite a rigenerarle. Questa è la forza della generosità consapevole e altruista. A livello più profondo non esiste chi dà, nessun dono, nessun destinatario... solo l'universo che si ricompone.

Occorre essere sufficientemente forti per essere deboli

Se siete persone volitive e realizzate potete dare l'impressione di essere immuni da sentimenti d'inadeguatezza, insicurezza o vulnerabilità. Questo può isolarvi e alla fine causare forti sofferenze a voi e ad altri fin troppo propensi ad accogliere quell'impressione affibbiandovi un'immagine d'inaccessibilità a qualsiasi autentica emozione e propagandola. In realtà, dietro lo schermo di questa immagine e reputazione potreste dissociarvi con eccessiva facilità dai vostri veri sentimenti creandovi una situazione di isolamento che è assai comune a molti padri all'interno del nucleo familiare e a persone che occupano posizioni di potere più o meno grande.

Immaginandovi di divenire più forti grazie alla pratica meditativa, potreste creare un simile problema iniziando a convincervi di essere o di interpretare la parte di chi, grazie alla meditazione, è supremamente invulnerabile e mantiene tutto sotto controllo, ed è sufficientemente saggio da poter affrontare ogni situazione senza lasciarsi andare a reazioni emotive. In questo processo potreste bloccare il vostro sviluppo senza averne nemmeno coscienza. Tutti abbiamo una vita emotiva e ce ne dissociamo a nostro rischio e pericolo.

Quindi, se vi accorgete di costruire di voi stessi un'immagine d'invincibilità, di forza, di conoscenza particolare o di saggezza basata sulle vostre esperienze meditative, pensando forse di aver raggiunto un risultato, e iniziate a blaterare sulla meditazione con toni di esagerata autopromozione, è opportuno che reintegriate la consapevolezza in quello schema mentale chiedendovi se state sfuggendo la vostra vulnerabilità, forse una pena interiore o una paura qualsiasi. Se siete veramente forti non avete bisogno di sottolinearlo a voi o ad altri. Meglio mutare registro interamente e dirigere la vostra attenzione dove più temete d'indagare. Vi riuscirete lasciando riemergere i sentimenti, abbandonandovi a un pianto liberatorio o rinunciando a sentenziare su tutto, ad apparire invincibili, riavvicinandovi invece al vostro essere più autentico. La vostra apparente debolezza è la vera fonte di forza, mentre la patina d'invincibilità è spesso fatta di debolezza, è il tentativo di celare la paura; è solo una finzione o una facciata, per quanto convincente possa apparire agli altri o persino a voi stessi.

PROVA: individuate le situazioni in cui affrontate gli ostacoli di petto e provate invece a essere arrendevoli vincendo l'impulso a resistere, generosi quando la grettezza sta per prevalere, aperti quando vorreste ritrarvi o reprimervi emotivamente. Lasciate libero corso alla sofferenza, alla tristezza e ai sentimenti che provate. Osservate come qualificate il pianto o la vulnerabilità, e abolite le etichette. Immedesimatevi nelle vostre sensazioni, alimentando nel contempo la consapevolezza momento per momento, seguendo le alternative del «su» e «giù», «positivo» e «negativo», «debole» e «forte» finché potrete constatare che sono tutte inadeguate a descrivere compiutamente la vostra esperienza. Vivete l'esperienza stessa, fidandovi della vostra maggior forza; essere presenti e vigili.

La semplicità volontaria

Sono frequentemente spinto dall'impulso d'inserire un elemento estraneo in una determinata situazione. Una telefonata, una sosta durante un percorso, anche se comporta un cambiamento di direzione.

Ho imparato a riconoscere questo impulso e a diffidarne, sforzandomi di reprimerlo. Mi costringe a far colazione con gli occhi fissi sulla scatola dei cereali, leggendo per la centesima volta la composizione dietetica del contenuto o la straordinaria offerta del produttore. È un impulso alimentato da qualsiasi pretesto. Il giornale è un ottimo stimolo, come qualsiasi altra cosa alla mia portata. Si insinua per occupare il tempo, cospira con la mia mente per mantenermi in uno stato di incoscienza, cullato in una nebbia d'insensibilità in una certa misura sufficiente a lasciare che mi riempia lo stomaco senza prestare attenzione alla colazione. In quei momenti mi estranea dagli altri, facendomi perdere il gioco delle luci sulla tavola, gli odori nella stanza, le energie del momento, comprese le discussioni e le polemiche quando ci riuniamo prima di separarci per le occupazioni della giornata.

Amo praticare la semplicità volontaria per oppormi a questi impulsi e garantire che il nutrimento venga assorbito a livello profondo. Questo significa fare una sola cosa per volta e assicurarmi di essere partecipe. Le occasioni che si presentano sono molte: fare una passeggiata, per esempio, o dedicare al cane qualche momento in cui sarò veramente con lui. Semplicità volontaria significa recarsi in meno anziché in più luoghi in un giorno, vedere meno per vedere meglio, far meno per fare meglio, acquisire meno per avere di più. È tutto collegato. Non è realistico per me, che ho una moglie e dei figli in età infantile, che devo mantenere una famiglia, che sono il primogenito dei miei genitori, che amo il mio lavoro, isolarmi in un Walden Pond qualsiasi, sedere sotto gli alberi per qualche anno ad ascoltare l'erba crescere e osservare i cambi di stagione, anche se a volte mi sento tentato. Ma all'interno del caos organizzato e della complessità familiare e lavorativa, con esigenze e responsabilità che comportano frustrazioni e soddisfazioni incomparabili, esistono ampie occasioni di scegliere la semplicità a piccole dosi.

Rallentare i ritmi è una componente importante di questo processo. Imporre alla mia mente e al mio corpo di rimanere tranquilli con mia figlia invece di correre a rispondere al telefono, non reagire all'impulso di chiamare proprio in quel momento qualcuno che aspetta una mia telefonata, scegliere di non acquistare cose nuove senza riflettere o persino di non reagire automaticamente e immediatamente al canto delle sirene di periodici, televisione o film, sono tutti modi di semplificare un poco la propria vita. Probabilmente altri rimangono a casa alla sera senza far nulla o a leggere un libro, escono a passeggiare da soli, con un bambino o con la propria moglie, sistemano la legnaia o guardano la luna, si fanno accarezzare dall'aria sotto gli alberi o vanno a dormire presto.

Mi esercito a dire no per mantenere la semplicità della mia vita, ma so di non fare abbastanza. È una disciplina ardua con caratteristiche proprie e vale la pena di praticarla. Ma è anche complicata poiché vi sono esigenze e circostanze cui far fronte. Impegnarsi alla semplicità in questa vita frenetica richiede un delicato equilibrio, correzioni, indagine costante, attenzione. Ma trovo che il concetto di semplicità volontaria mi rende consapevole di ciò che è importante, di un'ecologia della mente, del corpo e del mondo in cui tutto è interdipendente e ogni scelta ha conseguenze di ampia portata. Non si riesce a controllare tutto, ma scegliere la semplicità quando è possibile apporta alla vita un elemento di grande libertà che tanto spesso ci sfugge e molte occasioni per scoprire che in realtà il meno può corrispondere al più.

*

Semplicità, semplicità, semplicità! Dico, che i vostri affari siano due o tre e non cento o mille; invece di un milione contate mezza dozzina e tenete i vostri conti sull'unghia del pollice! In mezzo a questo burrascoso mare della vita civile vi sono tante nubi e tempeste e sabbie mobili e articoli da inventariare che un uomo, se non vuole affondare e toccare il fondo ma giungere in porto deve vivere calcolando con esattezza e chi riesce deve essere davvero un bravo calcolatore. Semplificate, semplificate!

Thoreau, *Walden*

La concentrazione

La concentrazione è la pietra angolare della pratica della consapevolezza, la cui forza sarà pari alla capacità della mente di mantenersi serena e stabile. In assenza di calma lo specchio della consapevolezza presenterà una superficie agitata e turbolenta, che non riflette le cose con accuratezza.

La concentrazione può essere praticata sia parallelamente alla consapevolezza sia separatamente e può essere considerata come la capacità della mente di fissare l'attenzione su un unico obiettivo; si coltiva applicandosi a un'unica cosa, come la respirazione, senza divagare. In sanscrito è chiamata *samadhi* o «unilateralità» ed è una facoltà che si sviluppa e si approfondisce riportando continuamente l'attenzione sulla respirazione a ogni accenno di distrazione. Nell'esercizio di forme di meditazione strettamente focalizzate ci si astiene deliberatamente dall'indagare quali direzioni abbia preso la mente nelle sue divagazioni o sui motivi delle fluttuazioni della respirazione. L'energia è diretta esclusivamente a sperimentare questa inspirazione, questa espirazione o un altro singolo oggetto d'attenzione. Con l'esercizio prolungato la mente tende a fissarsi sempre meglio sulla respirazione e a notare anche il minimo impulso alla distrazione, lasciandolo immediatamente cadere, concentrandosi sulla respirazione o ritornandovi rapidamente.

Con l'assiduo esercizio alla concentrazione si sviluppa una calma caratterizzata da una notevole stabilità; imperturbabile, profonda, indipendente dalle sollecitazioni esterne. È una grande riuscita personale poter coltivare periodicamente il *samadhi* per un periodo di tempo prolungato. Lo si può facilmente realizzare durante i lunghi ritiri di meditazione silenziosa, quando è possibile prendere le distanze dal mondo come fece lo stesso Thoreau.

La stabilità e la calma derivanti dalla concentrazione unilaterale costituiscono il fondamento necessario per coltivare la consapevolezza, che non sarà mai sufficientemente forte senza una certa misura di *samadhi*. Si può penetrare profondamente nelle cose solo se si riesce a continuare a osservare senza farsi sviare da distrazioni o dall'agitazione della propria mente. Più profonda è la concentrazione, più intensa è la consapevolezza potenziale.

L'esperienza di un *samadhi* profondo è assai piacevole. Seguendo la respirazione con concentrazione assoluta, tutto il resto si dissolve: pensieri, sentimenti, il mondo esterno. Il *samadhi* è caratterizzato dall'assimilazione in stato di quiete completamente indisturbata, un'esperienza che può essere accattivante, persino conturbante. Ci si sorprende a cercare naturalmente questa tranquillità e la semplicità di uno stato contraddistinto dall'assimilazione e dalla beatitudine.

Ma per quanto intensa e soddisfacente, la pratica della concentrazione è incompleta se non è integrata e approfondita dalla consapevolezza; di per sé assomiglia a un'astrazione dal mondo. La sua energia caratteristica è contenuta più che aperta, assorta più che disponibile, trasognata anziché pienamente desta. Sono assenti le energie di curiosità, indagine, ricerca, apertura, disponibilità, interesse per l'intero spettro dei fenomeni sperimentati dagli esseri umani. Questo è l'ambito della pratica della consapevolezza, in cui l'unilateralità e la capacità d'infondere calma e stabilità mentali nel momento presente sono messe al servizio di una profonda ricerca interiore e della comprensione delle interazioni di un ampio arco di esperienze di vita.

La concentrazione può avere grande validità, ma può essere anche seriamente limitante se ci si lascia sedurre dalla gradevole qualità di questa esperienza interiore e la si considera un rifugio dalla vita in un mondo sgradevole e insoddisfacente. Potreste essere tentati di rifuggire la confusione del quotidiano per la serenità della quiete e della pace. Naturalmente si tratterebbe di eccessiva propensione per la tranquillità e, al pari di ogni forte attaccamento, sarebbe fonte di delusione. Bloccherebbe lo sviluppo e comprometterebbe la ricerca della saggezza.

La visione

È virtualmente impossibile, e comunque privo di senso, impegnarsi nell'esercizio quotidiano della meditazione senza aver cognizione del perché lo si fa, di quale valore potrebbe avere nella vostra vita, di quale potrebbe essere il *vostro* percorso personale ragionato. Nelle società tradizionali questa visione era fornita e continuamente sostenuta dalla cultura. Se foste stati buddisti avreste praticato perché l'intera cultura considerava la meditazione come *la* via verso la chiarezza, la compassione e l'« essere un Budda », un sentiero di saggezza volto all'eliminazione della sofferenza. Ma nella corrente principale della cultura occidentale trovereste scarso incoraggiamento per la scelta di un simile cammino personale di disciplina e costanza, in particolare uno così insolito, che comporta una pratica ma anche il non-agire, energia ma nessun « prodotto » tangibile. Inoltre, qualsiasi nostra propensione superficiale o romantica al miglioramento personale – divenire più calmi, lucidi o comprensivi – non dura a lungo di fronte alla turbolenza della nostra vita, della mente e del corpo, e neppure la prospettiva di alzarsi presto in un mattino freddo e buio per sedere in solitudine e immedesimarsi nel momento presente. È troppo facile rimandare o attribuirgli scarsa o secondaria importanza, e lasciar perdere per dormire un poco di più o rimanere nel tepore del letto.

Se sperate d'introdurre la meditazione nella vostra vita in modo impegnato e con prospettive a lungo termine, la vostra decisione dovrà essere realmente autonoma, profonda, tenace, conforme all'opinione che avete di voi stessi, ai vostri valori e agli obiettivi che vi siete posti nella vita. Solo la forza di una visione così dinamica e la motivazione che le ha dato origine possono spingervi lungo questo cammino anno dopo anno, disposti a far pratica quotidianamente, a permeare di consapevolezza qualsiasi avvenimento, ad aprirvi ogni percezione, a lasciar cadere qualsiasi desiderio di possesso, a rispettare sia la fine che la crescita di ogni cosa.

La pratica meditativa non si può certo definire romantica. Le modalità necessarie alla crescita sono quelle contro cui esercitiamo la più accanita resistenza, rifiutando persino di ammettere che esistano e soprattutto di prenderle imparzialmente in considerazione quale metodologia del cambiamento. Non vi sarà sufficiente nutrire una donchisciottesca idea di voi stessi quali praticanti della meditazione: non vi basterà pensare che questa disciplina gioverà a voi così come ha giovato ad altri, o farvi forti della profonda impressione che la saggezza orientale ha lasciato in voi, oppure contare sull'abitudine di meditare. La visione di cui parliamo dev'essere rinnovata ogni giorno, essere presente continuamente, perché la consapevolezza stessa esige questo livello di impegno cosciente. Altrimenti tanto varrebbe rimanere a letto.

La pratica stessa dovrà divenire l'esternazione quotidiana della vostra visione e comprendere gli aspetti per voi più validi. Questo non significa tentare di cambiare o essere diversi da ciò che si è, calmi quando si è inquieti, gentili se si è in preda all'irritazione. Si tratta piuttosto di aver ben presente quello che per voi è più importante, evitando che vada perduto o sia travisato in un momento particolarmente difficile o nel tumulto delle emozioni. Se la consapevolezza è profondamente importante per voi, ogni momento offre un'occasione per metterla in pratica.

Supponiamo per esempio che in un dato momento della vostra giornata emergano sentimenti di collera. Se prenderete atto di essere arrabbiati e lo esprimerete, vi troverete contemporaneamente a seguire quell'espressione e i suoi effetti in momenti successivi. Sperimenterete la collera come stato emotivo, dovrete tener conto delle cause di questo forte sentimento, del modo in cui si esprime attraverso i gesti e le posizioni del corpo, il tono della voce, la scelta delle parole e delle argomentazioni e infine osservando l'impressione che fa sugli altri. Vi è molto da dire sulla manifestazione cosciente della collera ed è ben noto dal punto di vista sia medico sia psicologico che sopprimere l'ira interiorizzandola non è salutare, in particolare se diventa un'abitudine. Ma non è nemmeno salutare dar sfogo a una rabbia incontrollabile per reazione abituale, per quanto « giustificabile ». Potete fare attenzione a quando ottenebra la mente, alimentando sentimenti di aggressività e violenza – anche quando ha motivazioni altruistiche ed elevate – compromettendo intrinsecamente la situazione, che abbiate ragione o meno. Potete prenderne coscienza anche se a volte non potete trattenervi. La consapevolezza può farvi toccare con mano quanto l'ira sia dannosa per voi e per gli altri. Io me ne astengo sempre, convinto che nell'ira vi sia qualcosa di inadeguato, anche quando sono oggettivamente dalla parte della ragione. La sua innata tossicità inquina tutto ciò con cui entra in contatto. Se invece la sua energia può essere convertita in decisione e saggezza, senza che l'amor proprio e il moralismo facciano fuoco e fiamme, la sua forza si moltiplica unitamente alla capacità di trasformare sia l'oggetto sia la fonte della collera.

Pertanto, se vi abituerete di proposito ad ampliare il contesto dell'ira (vostra e altrui) proprio nei momenti in cui si manifesta e s'intensifica, sapendo che accalorarvi vi fa dimenticare l'esistenza di qualcosa di più ampio e fondamentale, potrete captare nel vostro animo una consapevolezza che non è collegata all'esplosione di collera e non se ne lascia neppure travolgere. La consapevolezza vede la collera, ne conosce la profondità, ma è più grande e può contenerla, come se fosse una pentola. La pentola della consapevolezza ci aiuta a far cuocere l'ira a fuoco lento e a farci comprendere che può produrre effetti più negativi che positivi, indipendentemente dalle nostre intenzioni. In questo modo ci aiuta a cucinare e a digerire l'ira per poterla usare efficacemente e forse a superarla del tutto passando da una reazione automatica a una risposta consapevole. Questa e altre alternative sono il prodotto di un'attenzione rivolta ai vari aspetti dell'intera situazione.

La nostra visione è la conseguenza dei nostri valori e della nostra concezione di cos'è importante nella vita; in definitiva, riguarda i principi basilari. Se credete nell'amore, lo manifestate o vi limitate a parlarne diffusamente? Se credete nella compassione, nel non nuocere agli altri e in tante altre virtù quali gentilezza, saggezza, generosità, calma, solitudine, atteggiamento pacifico, equanimità e chiarezza, le manifestate nella vita quotidiana? Questo è il livello di intenzionalità necessario a mantenere vitale la pratica meditativa, perché non degradi a semplice esercizio meccanico, guidato esclusivamente dalla forza dell'abitudine e delle convinzioni.

*

> Rinnovati completamente ogni giorno; fallo ancora e ancora, per sempre ancora.
>
> Iscrizione cinese citata da Thoreau in *Walden*

PROVA: domandatevi perché meditate o perché volete meditare. Non credete alle prime risposte, ma elencate tutto ciò che vi viene in mente. Continuate a interrogarvi. Domandatevi anche quali sono i vostri valori, che cosa privilegiate nella vita. Fate una lista di cose che ritenete veramente importanti. Chiedetevi: qual è la mia visione, la carta geografica che mi dice dove sono e dove sto andando? Questa visione rispecchia autentici valori e intenzioni? Mi ricordo d'impersonare questi valori? Metto in pratica le mie intenzioni? Qual è la mia posizione attuale rispetto al lavoro, la famiglia, i miei rapporti con gli altri e me stesso? Come voglio essere? Come potrei vivere la mia visione, i miei valori? Come mi comporto rispetto alla sofferenza, sia mia sia altrui?

La meditazione sviluppa esseri umani completi

Mi si dice che in *pali*, la lingua originale di Budda, non esiste una sola parola corrispondente a «meditazione» anche se si può dire che la meditazione si è evoluta a livelli straordinari nell'antica cultura indiana. Un termine frequentemente usato è *bhavana*, ossia «sviluppo tramite l'esercizio mentale». Mi sembra particolarmente azzeccato, perché, in realtà, la meditazione riguarda lo sviluppo umano. È l'estensione naturale di funzioni quali la dentizione, sviluppare un corpo adulto, lavorare ed essere produttivi, formare una famiglia, essere debitore in un modo o nell'altro (anche verso se stessi in seguito di compromessi che imprigionano l'anima) e rendersi conto che tutti invecchiamo e moriamo. Prima o poi si è praticamente costretti a sedere e a contemplare la propria vita, mettere in discussione se stessi e chiedersi qual è il significato del percorso della vita... la nostra vita.

Le vecchie fiabe, ci dicono i loro interpreti moderni – Bruno Bettelheim, Robert Bly, Joseph Campbell e Clarissa Pinkola Estes – sono antiche mappe che propongono una guida per lo sviluppo di esseri umani completi. La saggezza di questi racconti è stata tramandata fino a oggi, ancor prima che venissero scritti, essendo stati diffusi nelle sere trascorse attorno ai fuochi per migliaia di anni. Sono divertenti e interessanti di per sé, perché in gran parte emblematici delle contraddizioni che incontriamo ricercando realizzazione, felicità e pace. Re e regine, principi e principesse, nani e streghe non sono semplicemente personaggi di un mondo fiabesco. Li interpretiamo intuitivamente come aspetti della nostra psiche, frammenti della nostra stessa essenza, alla confusa ricerca di compimento. Noi ospitiamo l'orco e la strega, che devono essere affrontati e onorati o ci consumeranno (ci divoreranno). I racconti delle fate rappresentano un'antica guida, una saggezza distillata attraverso millenni di tradizione orale per la nostra sopravvivenza istintiva, crescita e integrazione di fronte a demoni e draghi interiori ed esterni, foreste e lande oscure. Queste fiabe ci ricordano che vale la pena di porsi alla ricerca dell'ara su cui le nostre fila esistenziali frammentate e isolate potranno ritrovarsi e intrecciarsi, portando nuovi livelli di armonia e comprensione nelle nostre vite, al punto da cui potremo vivere felicemente per sempre, ovvero nel qui e ora senza tempo. Questi racconti sono saggi, antichi, e valgono come indicazioni sorprendentemente sofisticate per il nostro completo sviluppo quali esseri umani.

Un tema ricorrente nelle fiabe è quello del bambino, solitamente un principino o una principessina, che perde il suo gomitolo d'oro. Noi stessi, maschi o femmine, vecchi o giovani, incorporiamo sia il principe sia la principessa (fra innumerevoli altri personaggi) e vi è stato un tempo in cui ciascuno di noi irradiava l'aurea innocenza e l'illimitata promessa della gioventù. E potremo emanare ancora quell'aura, o recuperarla, se sapremo impedire che il nostro sviluppo si arresti.

Bly precisa che fra la perdita del gomitolo d'oro, che sembra avvenga verso gli otto anni, e il momento in cui si tenta di recuperarlo o di riconoscerne la perdita possono trascorrere trenta o quarant'anni, mentre nelle fiabe, dove la misura del tempo è il « c'era una volta », concetto che non tiene conto della normale cronologia, bastano solo un giorno o due. Ma in entrambi i casi occorre prima venire a patti con le nostre stesse energie occulte represse, simbolizzate da una rana o forse da in irsuto uomo selvatico che vive nella foresta sotto uno stagno.

Prima di scendere a patti, però, si deve conoscere la presenza di quegli esseri: principe e principessa, rana, uomo o donna dei boschi. Confrontarsi con quegli aspetti della nostra psiche, da cui ci si ritrae relegandoli nel subconscio, è una premessa indispensabile. Questo può essere terrificante e instillare la sensazione di scendere in antri oscuri, ignoti e misteriosi.

La forma di buddismo radicatasi e fiorita nel Tibet dall'ottavo secolo a oggi ha forse sviluppato l'espressione artistica più raffinata di questi aspetti terrificanti della psiche umana. Molte statue e dipinti tibetani rappresentano grottesche figure demoniache, appartenenti di diritto al pantheon delle divinità locali; teniamo presente che non si tratta di divinità nel senso corrente del termine, bensì della rappresentazione di stati mentali diversi, ciascuno con una sua distinta energia divina che deve essere affrontata, onorata e utilizzata per far crescere e sviluppare il proprio potenziale di esseri umani realizzati, uomini e donne indifferentemente. Queste creature minacciose non sono considerate cattive, anche se il loro aspetto, le collane di teschi e le smorfie grottesche sono paurose e repellenti. La terribile apparenza esteriore è in effetti un travestimento adottato dalle divinità che impersonano saggezza e compassione per aiutarci a raggiungere comprensione e gentilezza verso noi stessi e gli altri i quali, è sottinteso, non sono fondamentalmente diversi da noi.

Nel buddismo, lo strumento per compiere questo lavoro di sviluppo interiore è la meditazione. Anche nelle favole, per arrivare all'uomo che si trova sotto lo stagno occorre togliere l'acqua secchio dopo secchio, un lavoro ripetitivo esteso nel tempo; non vi è nulla di entusiasmante nello svuotare uno stagno, lavorare presso un forno incandescente o nelle vigne battute dal sole, giorno per giorno, anno dopo anno. Ma un lavoro interiore di questo genere, inteso a prendere coscienza della propria psiche è di per sé un'iniziazione, un processo di tempratura che di solito implica una sorta di fervore. Occorre disciplina per tollerare il fervore, per perseverare. Ma il risultato sarà padronanza, perdita dell'ingenuità, raggiungimento di un ordine interiore che non si può ottenere senza la disciplina, il fervore, la discesa nella parte più oscura di noi stessi e la paura. Persino le sconfitte spirituali che subiremo serviranno a temprarci.

Gli junghiani lo definiscono lavoro dell'animo, lo sviluppo della profondità di carattere grazie alla conoscenza dei tortuosi labirinti della nostra mente. Il fervore tempra, riordinando anche le minime componenti della nostra essenza psichica e, con molta probabilità, anche i nostri corpi.

Il vantaggio del lavoro meditativo è la possibilità di applicarlo alla pratica stessa affinché ci guidi attraverso il labirinto. Esso ci mantiene sulla retta via anche nei momenti più oscuri, ci rende capaci di affrontare i nostri stati mentali più tremendi e le più terribili circostanze esterne. Ci rammenta le nostre possibilità di scelta, è una guida allo sviluppo umano, una carta stradale per arrivare alla nostra essenza più radiosa, non al tesoro di un'innocenza infantile ormai trascorsa ma a quella di un adulto completamente realizzato. Ma se la meditazione deve funzionare, noi dobbiamo essere disposti a collaborare, ad affrontare quando occorre il buio e la disperazione, ripetutamente se necessario, senza sfuggirli o neutralizzandoli nei mille modi che sappiamo inventare per evitare l'inevitabile.

PROVA: apritevi al principino e alla principessina, al re e alla regina, al gigante e alla strega, all'uomo e alla donna delle foreste, allo gnomo e alla vecchina, al guerriero, al guaritore e al truffatore che alberga dentro di voi. Quando meditate, tendete lo stuoino di benvenuto per tutti loro. Cercate di sedere come un re, una regina, un guerriero o un saggio. Nei momenti di grande subbuglio o di oscurità utilizzate il vostro respiro come il filo che vi guiderà lungo il labirinto. Mantenete viva la consapevolezza anche nei momenti più bui, ricordandovi che essa non fa parte dell'oscurità e della sofferenza; la consapevolezza placa il dolore e lo conosce, per questo deve essere fondamentale per voi e legata a quanto di più salubre, forte e prezioso è dentro di voi.

La pratica come percorso

Nel mezzo del cammin di nostra vita
Mi ritrovai per una selva oscura
Ché la diritta via era smarrita.

DANTE ALIGHIERI, *La Divina Commedia*

La metafora del viaggio è usata in tutte le culture per descrivere la vita e la ricerca del suo significato. In Oriente il termine *Tao*, « Via » o « Percorso » in cinese, è inteso in questo senso. Nel buddismo la pratica meditativa è solitamente descritta come un cammino – il percorso della consapevolezza, della corretta comprensione, della ruota della verità (*dharma*). *Tao* e *dharma* significano anche lo stato delle cose, la legge che regola l'esistente e il non esistente. Ogni avvenimento, da noi superficialmente giudicato positivo o negativo, è essenzialmente in armonia col *Tao*. Spetta a noi imparare a discernere l'insita armonia, vivere e decidere in conformità. Ma spesso non è esattamente chiaro quale sia il percorso giusto, il che lascia ampio spazio al libero arbitrio e all'azione motivata, come pure a tensioni e controversie, per tacere del sentirsi completamente sperduti.

Quando pratichiamo la meditazione, in realtà riconosciamo che in quel momento stiamo percorrendo il cammino della vita, in questo e in ogni momento che viviamo. È più corretto interpretare la meditazione come « modalità » che come tecnica. È un Modo di Essere, un Modo di Vivere, un Modo di Ascoltare, un Modo di Percorrere il cammino della vita, in armonia con le cose così come sono. Questo vuol dire ammettere in parte che a volte, spesso in momenti assai decisivi, non si ha veramente idea di dove si stia andando o persino di quale sia il cammino. Nel contempo è possibile saper bene dove ci si trova (anche se significa consapevolezza di essere sperduti, confusi, arrabbiati o disperati). D'altro canto accade sovente di nutrire la forte convinzione di sapere dove si va, in particolare se spinti da ambizioni egoistiche e da desideri smodati. Esiste una cecità dovuta a progetti personali che ci fa credere di sapere, mentre in realtà sappiamo meno di quanto pensiamo.

« L'acqua della vita », una fiaba dei fratelli Grimm, ci presenta il solito terzetto di fratelli, tutti principi. I due maggiori sono gretti ed egoisti, il più giovane gentile e altruista. Quando il padre, il re, è in punto di morte, un vecchio apparso misteriosamente nel giardino chiede il motivo del loro dolore e, presa conoscenza della situazione, suggerisce di ricorrere all'acqua della vita. « Se il re ne berrà potrà guarire, ma è difficile trovarla. »

Ottiene licenza di partire per primo alla ricerca dell'acqua il fratello maggiore, che cova la segreta speranza di acquistare merito e divenire re a propria volta. Dopo aver percorso un breve tratto a cavallo incontra uno gnomo seduto sul ciglio della strada, che gli chiede il motivo di tanta fretta; infastidito, il principe lo tratta con disprezzo e condiscendenza, ordinandogli di farsi da parte. Naturalmente si presume che il principe conosca la strada poiché sa cosa sta cercando. Non è così. Ma lui non sa frenare la propria arroganza e ignora i molti modi in cui i casi della vita possono svolgersi o evolvere.

Naturalmente, nelle fiabe lo gnomo non è un personaggio in sé, ma simboleggia le qualità più eccelse dell'anima. In questo caso, il fratello egoista è incapace di rivolgersi con cortesia e saggezza alle proprie risorse interiori di forza e sensibilità. Offeso dalla sua arroganza, lo gnomo fa in modo che il cammino del principe porti in una stretta gola, a tal punto inestricabile, che il giovane non riesce più a procedere o a invertire la direzione; in breve, rimane bloccato, mentre la fiaba continua.

Quando non vede tornare il primogenito, il secondo fratello si mette in viaggio, incontra lo gnomo, lo tratta allo stesso modo e finisce immobilizzato a propria volta. Poiché i fratelli rappresentano parti diverse della stessa personalità, si potrebbe dire che ci sono individui che non imparano mai.

Dopo qualche tempo anche il fratello minore parte alla ricerca dell'acqua della vita. Quando incontra lo gnomo che gli chiede dove va con tanta fretta, a differenza dei fratelli, si ferma, smonta da cavallo, dice allo gnomo che il padre è gravemente ammalato e che lui è in cerca dell'acqua della vita, ammettendo di non sapere dove trovarla o quale direzione prendere. Naturalmente lo gnomo risponde: «Oh! So dove si trova» e gli fornisce le indicazioni necessarie, piuttosto complicate a dire il vero. Il giovane lo ascolta attentamente e ricorda quanto gli viene detto.

Questa fiaba riccamente costruita presenta numerosi capovolgimenti che lascio alla curiosità del lettore se vorrà esplorarli. Il punto fondamentale, in questa sede, è che talvolta conviene ammettere di non sapere quale strada imboccare e accettare aiuto dalle fonti più inattese. In questo modo si mettono a propria disposizione le energie e alleati interiori ed esterni costituiti dalla propria stessa sensibilità e dal proprio altruismo. Ovviamente anche i fratelli egoisti sono aspetti interni della psiche. Il messaggio è che farsi catturare dalle normali tendenze umane all'egocentrismo e all'arroganza, ignorando il più vasto ordine delle cose, alla fine vi condurrà a un punto morto in cui sarete incapaci sia di procedere oltre, che di tornare indietro. La morale della fiaba è che con simili atteggiamenti non troverete mai l'acqua della vita e rimarrete bloccati, potenzialmente per sempre.

Diventare consapevoli significa onorare e prestare attenzione alla nostra energia corrispondente alla figura dello gnomo, anziché gettarsi a capofitto in qualsiasi situazione con una mentalità dolorosamente dissociata da gran parte del nostro essere, pilotata da meschine ambizioni e dalle lusinghe di vantaggi personali. La fiaba insegna che possiamo muoverci bene solo procedendo con la consapevolezza dello stato delle cose, compresa la disponibilità ad ammettere di non sapere dove si stia andando. Il fratello minore dovrà fare molta strada prima di poter dire che ha compreso perfettamente la situazione (rispetto ai suoi stessi fratelli, per esempio). Subirà dolorose lezioni di menzogne e tradimenti, pagando un prezzo elevato per la sua ingenuità prima di entrare finalmente in possesso dell'intero arco delle sue energie e conoscenze, simbolizzato dalla cavalcata finale lungo una strada pavimentata d'oro per recarsi a sposare la principessa (della quale non ho parlato) e farsi incoronare re – ormai uomo fatto con un regno suo, non del padre.

PROVA: incominciate da oggi a considerare la vita come un viaggio e un'avventura. Dove andate? Cosa cercate? Dove siete ora? A quale punto del viaggio siete arrivato? Come intitolereste il capitolo del libro della vostra vita che state vivendo attualmente? Siete in qualche modo a un punto? Potete essere pienamente aperti a tutte le energie a vostra disposizione a questo punto? Notate che questo viaggio è unicamente vostro, di nessun altro. È il vostro cammino. Non potete imitare quello altrui ed essere sinceri con voi stessi. Siete preparati a fare onore alla vostra incapacità in questo modo? Potete considerare l'impegno nella pratica meditativa come parte integrante di questo modo di essere? Potreste impegnarvi a illuminare il vostro cammino con la consapevolezza e l'attenzione? Riuscite a individuare situazioni in cui potreste trovarvi facilmente inibiti o che hanno avuto questo effetto su di voi in passato?

Meditazione: da non confondersi col pensiero positivo

La nostra modalità di pensiero differenzia la specie umana da tutte le altre senza possibilità di confronto. Ma se non prestiamo attenzione, il nostro pensiero può facilmente sopprimere altre preziose e miracolose sfaccettature della personalità. Spesso con immediato svantaggio della consapevolezza.

La consapevolezza non è uguale al pensiero.
È una qualità che lo supera, sebbene ne faccia uso, rispettandone la validità e la forza. Può essere considerata come un recipiente che trattiene e incorpora il pensiero, aiutandoci a vedere e a conoscere i nostri pensieri come tali, impedendoci di considerarli una realtà.

A volte la mente pensante può trovarsi seriamente frammentata; di fatto, lo è quasi sempre. Questa è la natura del pensiero, mentre la consapevolezza, sollecitata intenzionalmente in ciascun momento, può aiutarci a percepire che malgrado questa frammentazione la nostra natura fondamentale è già integrata e completa. Non solo non è limitata dalla miscellanea della mente pensante, ma è il contenitore che raccoglie tutti i frammenti, come una pentola che contiene i vari ortaggi spezzettati consentendo che cuociano formando un tutto, il minestrone appunto. Ma si tratta di una pentola magica, perché cuoce senza che si debba far nulla, nemmeno accendere il fuoco. È la consapevolezza stessa che cuoce, a condizione di mantenerla attiva. Non si deve fare altro che rimescolare i frammenti rimanendone consapevoli. Qualsiasi cosa si presenti alla mente o al corpo viene versato nella pentola, diventando un ingrediente della minestra.

Un altro modo per definire la meditazione è considerare il processo stesso del pensiero come una cascata perenne. Coltivando la consapevolezza, ci collochiamo *al di là* o *al di qua* del nostro pensiero allo stesso modo in cui si cercherebbe riparo in una grotta o in una rientranza dietro una cascata. Continuiamo a vedere e udire l'acqua, ma ci troviamo discosti dalla corrente.

Con questo tipo di pratica i nostri schemi mentali cambiano automaticamente in modi che favoriscono integrazione, comprensione e compassione, ma non perché tentiamo di cambiarli, sostituendo un pensiero a un altro che riteniamo più puro. Si tratta piuttosto di capire la natura dei nostri pensieri *come tali* e i nostri rapporti con essi, in modo da utilizzarli a nostro vantaggio e non viceversa.

Decidere di pensare positivamente può essere utile, ma non è meditazione. Sono soltanto altri pensieri. È possibile lasciarsi catturare tanto dal cosiddetto pensiero positivo quanto da quello negativo. Anche questo può essere circoscritto, frammentato, impreciso, illusorio, fine a se stesso ed erroneo. Occorre un elemento del tutto diverso per indurre una trasformazione nella nostra vita e portarci oltre i limiti del pensiero.

Rivolgersi all'interno

È facile crearsi l'impressione che la meditazione consista nell'addentrarci o nel dimorare in noi stessi. Ma «interno» ed «esterno» sono distinzioni limitative. Nella tranquillità della pratica formale noi rivolgiamo effettivamente le nostre energie verso l'interno, scoprendo però che nella mente e nel corpo conteniamo il mondo intero.

Dimorando in noi stessi per periodi prolungati riusciamo a prendere coscienza dell'inanità di guardare sempre al di fuori di noi alla ricerca di felicità, comprensione e saggezza. Non che Dio, l'ambiente o gli altri non possano aiutarci a essere felici o a trovare soddisfazione. È solo che felicità, soddisfazione e comprensione, anche di Dio, non potranno mai essere più profonde della nostra capacità di conoscere noi stessi interiormente, di affrontare il mondo esterno dal profondo appagamento che si prova sentendosi a proprio agio nella propria pelle e in intima familiarità con le modalità di mente e corpo.

Dimorare tranquillamente in noi stessi ogni giorno, anche solo per breve tempo, ci permette di prendere contatto con ciò che di più reale e affidabile alberga dentro di noi e che più frequentemente viene trascurato o non sufficientemente sviluppato. Quando riusciamo a rimanere concentrati su noi stessi, anche per brevi periodi di tempo, di fronte agli stimoli mondani esterni, senza sentire la necessità di rivolgerci altrove per qualcosa che ci completi o ci renda felici, possiamo sentirci come a casa nostra indipendentemente da dove ci troviamo, in pace con le cose così come sono, un momento dopo l'altro.

*

Non uscire di casa per vedere i fiori.
Amico mio, rinuncia a quell'escursione.
Nel tuo corpo vi sono fiori.
Ogni fiore ha mille petali.
Questo basta come luogo ove sedere.
Sedendo là avrai un lampo di bellezza
nel corpo e fuori,
prima e dopo i giardini.

KABIR

*

Il pesante è la radice del leggero, la quiete è la fonte di ogni movimento.
Così il maestro: egli viaggia un giorno intero senza allontanarsi da casa. Sebbene intorno a lui ci siano un accampamento militare e torri di osservazione, egli rimane tranquillo e al di sopra delle cose. Come potrebbe comportarsi con leggerezza nei riguardi dell'impero il padrone di diecimila carri da combattimento? Se si comporta con leggerezza allora perde la radice; se con agitazione, allora perde il dominio.

LAO TZU, *Tao-te-Ching*

*

« Volgi il tuo occhio all'interno, e scoprirai
migliaia di regioni nel tuo cuore
Vergini tutte. Viaggiale tutte e fatti esperto
in cosmografia interiore. »

THOREAU, *Walden*

PROVA: la prossima volta che provate un senso d'insoddisfazione, di privazione o vi sembra che le cose non vadano per il verso giusto, rivolgetevi all'interno, solo come esperimento. Cercate di percepire l'energia di quell'attimo. Invece di prendere una rivista o di andare al cinema, telefonare a un amico, cercare qualcosa da mangiare o darvi da fare in un modo o nell'altro, create un posto per voi stessi. Sedetevi e immedesimatevi nel vostro respiro, anche solo per pochi minuti. Non cercate nulla, né fiori, né luce, né un attraente panorama. Non esaltate le virtù, non condannate i demeriti di alcunché. Non pensate nemmeno « Ora entro in me stesso ». Sedetevi e basta. Collocatevi al centro dell'universo. Lasciate le cose come stanno.

Parte Seconda

Il punto centrale della pratica

Ciò che sta davanti a noi e ciò che sta dietro di noi
sono inezie in confronto a ciò che sta dentro di noi

Oliver Wendell Holmes

La meditazione da seduti

Cosa c'è di tanto speciale nel fatto di sedersi? Nulla, quando parliamo del modo consueto di starsene seduti. È una delle possibili soluzioni per togliere il peso del corpo dalle estremità inferiori. Sedere invece assume un'importanza assai particolare rispetto alla meditazione.

Superficialmente lo si può vedere con sufficiente facilità dall'esterno. Per esempio, potreste non intuire che una persona sta meditando quando è in posizione eretta, supina o quando cammina, ma lo capite immediatamente se è seduta, in particolare sul pavimento. Da qualsiasi punto di osservazione la posizione stessa esprime consapevolezza, anche quando il soggetto ha gli occhi chiusi e il volto è sereno e disteso. Appare saldo e maestoso come una montagna. Ha una stabilità estremamente espressiva, che si trasmette all'interno e all'esterno. Nel momento in cui la persona si abbandona alla sonnolenza tutte queste qualità svaniscono. La mente si ripiega su se stessa interiormente, il corpo visibilmente.

Per meditare da seduti bisogna assumere la postura corretta: eretta e ferma, e saperla mantenere anche per lunghi periodi di tempo; di per sé è cosa abbastanza facile, ma si tratta solo della fase iniziale di uno stimolante processo di evoluzione continua. È abbastanza agevole «parcheggiare» il proprio corpo, ma cosa fa la mente? Meditare da seduti non significa unicamente assumere una particolare posizione corporea, per quanto vigore questa possa infondere, vuol dire adottare un atteggiamento speciale nei confronti della mente, sedere mentalmente.

Ora che siete seduti, potete immedesimarvi nel momento presente in molti modi. È fondamentale prestare attenzione intenzionalmente, acriticamente, mentre le modalità da adottare sono a vostra discrezione.

È meglio non complicare le cose e iniziare con la respirazione, seguendone il ritmo. Successivamente potete estendere il vostro campo d'attenzione per osservare gli andirivieni, i volteggi e le macchinazioni dei vostri pensieri e sentimenti, le sensazioni e gli impulsi del corpo e della mente. Ma occorrerà un certo tempo perché la concentrazione e la consapevolezza siano sufficientemente forti da farvi mantenere continuamente l'attenzione su una serie di elementi così ampia senza disperdersi, fissarsi su qualcosa in particolare o esserne semplicemente travolti. Per la maggior parte di noi occorrono anni e molto dipende dalla motivazione e dall'intensità della pratica meditativa. Pertanto, inizialmente converrà limitarsi a seguire la respirazione o a usarla come ancoraggio e guida per riprendersi dalle divagazioni. Provate per alcuni anni e vedrete cosa accade.

PROVA: dedicate un po' di tempo ogni giorno per starvene con voi stessi; bastano cinque minuti, oppure dieci, venti o trenta se ve la sentirete. Sedetevi e osservate lo svolgersi dei momenti senza nessun programma salvo essere totalmente presente. Usate il respiro per fissare l'attenzione sul momento presente; i pensieri vagheranno in varie direzioni, a seconda delle correnti e dei venti che si agitano nella mente, finché a un dato momento il cavo dell'ancora si tende e vi riconduce indietro. Questo può accadere frequentemente. Riportate l'attenzione alla respirazione in tutta la sua vivezza ogni volta che divaga. Mantenete eretta ma non rigida la posizione. Pensate a voi stessi come a una montagna.

Assumere la posizione

Aiuta molto disporsi sul cuscino o sulla sedia con la sensazione precisa di *assumere la posizione*. Meditare da seduti è diverso dal mettersi a sedere casualmente dove capita. Vi è un'energia nel fatto di sedere per assumere la posizione meditativa, sia nella scelta del luogo sia nella consapevolezza che pervade il corpo. La postura comporta una *presa di posizione*. Vi è una forte connotazione di reverenza verso il luogo, la sistemazione del corpo e della mente e il momento.

Noi ci sediamo per meditare con tutto questo presente nella mente, ma senza «investire» alcunché nel luogo o nella posizione. Possono effettivamente esistere precisi «punti forti» in casa e fuori, ma se fate vostro l'atteggiamento di assumere la postura potete sedere dovunque, in qualsiasi posizione, e sentirvi a vostro agio. Quando mente e corpo collaborano nel mantenervi vigili rispetto al corpo, il tempo, il luogo e la posizione, in completa libertà e senza forzature, allora e solo allora la meditazione da seduti ha valore.

La dignità

Il termine più appropriato per descrivere questa posizione è «dignità».

Quando sediamo per meditare la nostra postura ci parla, si esprime di per sé. Si potrebbe dire che la posizione stessa è meditazione. Un atteggiamento trascurato rispecchia scarsa energia, passività, mancanza di chiarezza. Se sediamo rigidamente siamo tesi, ci sforziamo troppo, con determinazione eccessiva. Quando utilizzo il termine «dignità» nell'insegnamento, dicendo per esempio «Sedete in una posizione che ispiri dignità», tutti correggono il proprio atteggiamento e siedono più eretti, ma senza irrigidirsi. I volti si rilassano, come pure le spalle, mentre il capo, il collo e il dorso si allineano naturalmente. La colonna vertebrale si erge dalle anche con energia. Talvolta le persone tendono a sporgersi dallo schienale della sedia, con maggior autonomia. Tutti sembrano avvertire all'istante la sensazione interiore di dignità e comprendono come assimilarla.

Forse occorre rammentarsi a intermittenza che si è già dignitosi, meritevoli e degni. A volte non si ha questa sensazione a causa delle ferite e delle cicatrici del passato o dell'incertezza rispetto al futuro. È dubbio che queste impressioni provengano da noi stessi. Siamo stati indotti a sentirci immeritevoli, ce l'hanno insegnato in mille modi durante l'infanzia e abbiamo appreso perfettamente la lezione.

Così, quando ci sediamo in meditazione e ricordiamo di sedere con dignità ritroviamo il nostro valore originario. Questa è di per sé un'affermazione molto importante; potete essere sicuri che interiormente viene ascoltata. Ma noi siamo pronti ad ascoltare? Sappiamo udire le correnti dell'esperienza diretta in questo momento, in quello, e in quell'altro ancora...?

PROVA: sedete con dignità per trenta secondi. Annotate le vostre sensazioni. Provate a stare eretti con dignità. Come sono posizionate le spalle? E la colonna vertebrale e il capo? Cosa significherebbe camminare con dignità?

La postura

Quando sedete con forte intenzionalità, è come se il corpo stesso col suo portamento dichiarasse profonda convinzione e impegno. Una posizione assisa dignitosa è già un'affermazione di libertà e di armonia, bellezza e ricchezza della vita.

A volte ci si sente in sintonia con questa posizione, altre no. Anche quando siete depressi, oppressi o confusi, sedersi può affermare la forza e il valore della vita. Se sarete in grado di imporvi la pazienza necessaria per sedersi anche brevemente, potrete entrare in comunicazione con l'intima essenza del vostro essere, indipendentemente dal fatto che vi sentiate su o giù, liberi o oppressi, lungimiranti o confusi. Questo è il nucleo della consapevolezza stessa e non fluttua a seconda dello stato mentale o delle vicende della vita. È uno specchio che riflette imparzialmente ciò che entra nel suo campo. Questo comporta sapere perfettamente che la vostra situazione attuale o quanto nel passato ha inciso sulla vostra vita cambierà inevitabilmente per forza propria e unicamente per questa ragione occorre conservare l'immagine riflessa del momento presente – osservarla, assimilarne la presenza, lasciarsi trasportare dalle onde della sua evoluzione come vi portano le onde del vostro stesso respiro, convinti che, prima o poi, troverete il modo di agire, di arrivare a un accordo e procedere oltre. Non dovete far altro che osservare, lasciare le cose come stanno e percepirle pienamente momento per momento.

La meditazione consapevole da seduti non corrisponde a un tentativo di rifugiarsi in uno stato « meditativo » di estraniamento, di completo assorbimento o di rifiuto per sfuggire ai problemi e alle difficoltà. Al contrario, è la disponibilità a prendere di petto sofferenza, confusione, senso di perdita, se dominano il momento presente, continuando a osservare per un periodo di tempo prolungato, al di là del pensiero. Cercate di comprendere mantenendo semplicemente nella mente la situazione, seguendo la respirazione e rimanendo nella posizione assisa.

Nella tradizione Zen, un maestro (Shunru Suzuchi Roshi) ci ha lasciato questa descrizione: « Lo stato mentale che esiste quando sedete nella posizione corretta è di per sé illuminante... Queste forme [meditazioni da seduti] non sono mezzi per raggiungere il giusto stato mentale. Assumere questa posizione è già lo stato mentale corretto ». Quando sedete a meditare siete già in contatto con la vostra natura più autentica.

Praticare la meditazione da seduti, dunque, significa innanzitutto e soprattutto sedere in modo che il corpo affermi, irradi e trasmetta un atteggiamento di presenza e l'impegno ad accogliere e accettare qualsiasi cosa avvenga in qualsiasi momento. È una forma di distacco e di incrollabile stabilità, come uno specchio terso che rifletta unicamente, di per sé vuoto, ricettivo, aperto. Questo atteggiamento è già implicito nella postura, proprio nel modo che scegliete per sedere. La postura è espressione dell'atteggiamento.

Ecco perché nella pratica della meditazione da seduti molti trovano che l'immagine della montagna aiuti ad approfondire la concentrazione e la consapevolezza. Evocando qualità di elevazione, compattezza, maestà, immobilità, radicamento si contribuisce a immettere queste qualità direttamente nella posizione e nell'atteggiamento.

È importante farle emergere costantemente nella meditazione. Praticare ripetutamente incorporando dignità, tranquillità, incrollabile equanimità di fronte a qualsivoglia stato mentale che si presenti, soprattutto quando non siete gravemente disturbati o scossi, può fornire una base solida e affidabile per conservare consapevolezza ed equanimità anche durante i periodi di estrema tensione e turbamento emotivo. Ma solo se farete pratica, pratica, pratica.

Pur essendone spesso tentati, non ci si può limitare a *pensare* di aver capito come comportarsi consapevolmente e accantonare questa capacità per utilizzarla solo nelle occasioni più importanti. La forza di queste circostanze, infatti, è tale da sopraffare immediatamente voi e le vostre idee romantiche sull'equanimità e la padronanza della pratica della consapevolezza. La pratica meditativa corrisponde al lavoro lento e disciplinato dello scavo delle trincee, del coltivare le vigne o prosciugare uno stagno con un secchio. Il lavoro dei singoli momenti e il lavoro di una vita intera diventano tutt'uno.

La posizione delle mani

Nel corso dei millenni la tradizione yoga e quella meditativa hanno individuato, compreso e usato in modi particolari varie e sottili correnti energetiche presenti nel corpo umano. Sappiamo intuitivamente che tutte le posizioni corporee corrispondono a determinate espressioni che s'irradiano tanto interiormente quanto esternamente. È quello che comunemente viene definito «linguaggio del corpo»; possiamo utilizzare questo linguaggio per decifrare i sentimenti altrui, poiché le persone trasmettono continuamente informazioni che possono essere captate da chi sia dotato di sufficiente ricettività.

Ma in questa sede ci interessa capire come ciascuno possa divenire ricettivo al linguaggio del *proprio corpo*. Questa consapevolezza può catalizzare evoluzioni e trasformazioni assai significative. Nelle tradizioni yoga, questo campo di conoscenze riguarda alcune posizioni del corpo note come *mudra*. In un certo senso tutte le posizioni sono *mudra*; ciascuna ha un significato particolare con la relativa carica energetica. Ma solitamente i *mudra* si riferiscono a qualcosa di più sottile della postura assunta dall'intero corpo e si concentrano innanzitutto sulle mani e sui piedi.

Se visitate un museo ed esaminate attentamente dipinti e sculture buddiste, noterete rapidamente che nelle centinaia di rappresentazioni diverse della meditazione, in posizioni sia sedute, sia erette o supine, le mani sono disposte in una serie di modi differenti. Nel caso della meditazione assisa talvolta si tengono le mani sui ginocchi, i palmi rivolti verso il basso; a volte uno o entrambi i palmi delle mani sono rivolti verso l'alto, oppure uno o più dita di una mano toccano il terreno, mentre l'altra mano è sollevata. Le mani possono essere raccolte entrambe in grembo, con le dita dell'una sovrapposte a quelle dell'altra, con le punte dei pollici in leggero contatto come se circoscrivessero un uovo invisibile, formando il cosiddetto «mudra cosmica». In altri casi dita e palmi sono congiunti sopra il cuore nella posizione tradizionale della preghiera cristiana. Nel saluto orientale questa posizione significa un inchino alla divinità contenuta nell'altra persona.

Questi *mudra* delle mani rappresentano diverse energie che si possono sperimentare personalmente nella meditazione. Provate a sedere con i palmi delle mani sulle ginocchia e notate il particolare tipo di raccoglimento che ne risulta; per me, questa posizione significa non cercare altro e assimilare semplicemente ciò che esiste.

Se poi volgete i palmi verso l'alto, consapevoli del gesto, potete notare un mutamento nell'energia corporea. Questa posizione mi infonde ricettività, un'apertura verso l'alto e l'energia dei cieli (i cinesi dicono: «Come in alto, così in basso»). A volte provo un forte impulso ad aprirmi all'energia che proviene dall'alto perché può aiutare molto, specie durante i periodi di turbamento o confusione, a intensificare la ricettività nella pratica meditativa assisa. Questo si può ottenere sollevando semplicemente i palmi verso il cielo, il che non significa rivolgersi attivamente verso qualcosa in grado di aiutarci come per magia, ma piuttosto rendersi disponibili a rivelazioni superiori, stimolando la propensione interiore a sintonizzarsi con energie abitualmente ritenute elevate, divine, celestiali, cosmiche, universali, di ordine e saggezza superiori.

Tutte le posizioni delle mani sono *mudra* in quanto associate a energie più o meno palesi. Prendiamo come esempio l'energia del pugno; quando siamo arrabbiati, tendiamo a chiudere le mani a pugno e questo vuol dire che molti fra noi praticano spesso i *mudra* inconsciamente; ogni volta che lo facciamo alimentiamo i semi della violenza e della collera, che rispondono germogliando e divenendo più forti.

La prossima volta che vi accorgerete di stringere i pugni per l'ira, cercate di introdurre consapevolezza nell'atteggiamento interiore esplicitato appunto dal pugno chiuso. Percepite la tensione, l'odio, l'ira, l'aggressività e la paura insite in quel gesto. Poi, nel vivo della manifestazione di collera, fate una prova: se la controparte è presente, cercate di aprire i pugni e di porre i palmi delle mani giunti sul cuore nella posizione di preghiera, proprio di fronte all'interlocutore. (Naturalmente questa persona non avrà la minima idea di ciò che state facendo.) Notate l'effetto che ha sull'ira e l'irritazione mantenere questa posizione anche per pochi momenti.

Io trovo virtualmente impossibile continuare ad arrabbiarmi mentre compio questo gesto. Non che l'irritazione non fosse giustificata, ma entrano in gioco altri sentimenti che contengono l'energia collerica e la placano: sentimenti quali simpatia e compassione per l'altro e forse una maggior comprensione della situazione in cui si è coinvolti... del fatto che una cosa porta inevitabilmente all'altra; le conseguenze messe in moto impersonalmente si concatenano e il risultato può essere (erroneamente) considerato un fatto personale, poiché l'ignoranza si aggiunge all'ignoranza, l'aggressività all'aggressività, nella più assoluta mancanza di saggezza.

Quando Gandhi fu ucciso a bruciapelo, rivolse le mani giunte verso il suo aggressore, pronunciò il suo *mantra* e morì. Anni di meditazione e di pratica yoga, guidati dall'amata *Bhagavad Gita*, lo avevano portato al punto di permeare della concezione del non attaccamento tutte le cose in cui era impegnato, compresa la vita stessa. Gli consentivano di scegliere l'atteggiamento da prendere nel momento in cui la vita gli veniva tolta. Non è morto arrabbiato e nemmeno sorpreso, sapeva di essere in pericolo costante. Ma si era esercitato a marciare al ritmo della propria visione sempre più completa del comportamento saggio. Era arrivato al punto d'impersonare la compassione e viveva l'incrollabile impegno per la libertà politica e spirituale. In confronto, la sua incolumità personale aveva un valore limitato e la metteva sempre a repentaglio.

PROVA: prendete atto di sottili sensazioni emotive vissute nel corso della giornata e durante la pratica in posizione seduta. Prestate attenzione particolare alle mani; la loro posizione fa differenza? Cercate di capire se riuscite a essere più consapevoli prendendo maggior coscienza del vostro corpo.

Esercitandovi ad acquisire maggior confidenza con le vostre mani meditando seduti, notate se questo influisce sul vostro modo di toccare qualsiasi cosa, dall'aprire una porta al fare l'amore, poiché ogni circostanza ha un riferimento tattile. Può accadere di aprire una porta così distrattamente che la mano agisce indipendentemente dal corpo e può accadere di farsi male. Immaginate cosa si può provare a toccare un'altra persona non automaticamente, senza particolare intenzionalità, solo per far sentire la propria presenza e premura.

L'uscita dalla meditazione

I momenti che precedono il termine di una meditazione formale hanno una propria delicata tipologia. In quell'attesa la consapevolezza può subire un allentamento. Come ci si comporta in questa circostanza è assai importante, poiché sono proprio quei momenti di transizione che costituiscono una sfida ad approfondire la consapevolezza e a prolungarla.

Se non si è particolarmente vigili, verso la fine di un periodo di pratica formale si passa inconsciamente ad altre occupazioni, senza rendersi conto del motivo per cui si è interrotta la meditazione. Nel migliore dei casi la transizione lascia un ricordo sfocato. È possibile apportare consapevolezza in questo processo mantenendo il contatto con i pensieri e gli impulsi che indicano che è tempo di smettere. Che l'immobilità sia durata un'ora o tre minuti, improvvisamente un forte impulso può annunciare: «Ora basta». Oppure controllate l'orologio e constatate che è giunto il momento prefissato.

Nella vostra pratica meditativa, in particolare se non usate una registrazione come guida, provate a individuare il primo impulso a smettere e gli altri che seguiranno con intensità crescente. Registrando ciascuno stimolo accompagnatelo con la respirazione per alcuni istanti e chiedetevi: «Perché dovrei smettere?» Cercate di stabilirne la causa, forse fatica, noia, sofferenza, impazienza o è davvero il momento di porre termine alla meditazione? Comunque, anziché alzarsi automaticamente e dedicarvi ad altro, cercate di coesistere con qualsiasi cosa sia emersa da questo interrogativo, respirando alcuni istanti o anche di più, facendo in modo che l'uscita dalla posizione meditativa sia contraddistinta dalla consapevolezza dei momenti successivi quanto la meditazione stessa.

Praticare in questo modo può aumentare la consapevolezza in molte situazioni che comportano una fine e il passaggio ad altre, sia che si tratti di un atto semplice e breve come chiudere una porta rimanendo presenti a se stessi o complicato e doloroso come porre termine a un periodo della propria vita. Chiudere un battente comporta un notevole automatismo, trattandosi di un'azione di scarso rilievo nello schema generale delle cose (a meno che vi sia, per esempio, un bambino che sta dormendo). Ma proprio perché chiudere una porta è relativamente poco importante, se è eseguito con attenzione questo gesto approfondisce la sensibilità, la capacità di essere presenti in ogni momento e appiana alcune fra le più marcate pieghe della nostra abituale inconsapevolezza.

Curiosamente, un comportamento altrettanto se non maggiormente inconsulto può insinuarsi nelle circostanze e transizioni esistenziali più risolutive della vita, compresi l'invecchiamento e la morte. Anche qui la consapevolezza può avere effetti terapeutici. Possiamo aver eretto tali barriere contro il pieno impatto della nostra sofferenza emotiva – si tratti di dolore, tristezza, vergogna, delusione, rabbia o persino gioia e soddisfazione – che inconsciamente ci rifugiamo in una nube di apatia da cui escludiamo qualsiasi sentimento o sensazione. Come una coltre di nebbia, l'inconsapevolezza ottunde proprio quei momenti che rappresenterebbero le occasioni più valide per riconoscere la caducità immanente, per mantenere il legame con gli aspetti universali e impersonali dell'essere e del divenire latenti nei nostri personali investimenti emotivi, e prendere atto del mistero di essere piccoli, fragili e temporanei, rappacificandoci con l'assoluta inevitabilità del cambiamento.

Nella tradizione zen, a volte le meditazioni di gruppo terminano con il sonoro schiocco di uno strumento di legno. Nessun romantico e lieve riecheggiare di una campanella per facilitare il termine di una seduta. Il messaggio è interrompere, è ora di passare ad altre attività. Se si sta sognando a occhi aperti, anche leggermente, quando lo strumento schiocca il suono vi farà sobbalzare, segnalando quanto scarsamente presenti eravate in quel momento. Ricorda che la seduta è finita e ora si deve affrontare un nuovo momento.

In altre tradizioni, un lieve scampanellio segna la fine della seduta di gruppo. Anche quel suono sommesso riporta alla realtà, segnalando se la nostra mente divagava al momento del rintocco. Così, quando si tratta di porre fine a una seduta entrambi i metodi sono utili e ci ricordano di essere completamente presenti nei momenti di transizione: ogni fine è anche un principio e, per usare le parole del Sutra del Diamante, l'aspetto più importante è « sviluppare una mente che non si fissa su nulla ». Solo allora saremo capaci di vedere le cose come realmente sono e di reagire nell'interesse della nostra forza emotiva e della nostra saggezza.

*

> Perciò il saggio si occupa del non agire
> pratica l'insegnamento senza parlare
> Lascia sviluppare gli esseri
> senza ostacolarli.

LAO-TZU, *Tao-te-Ching*

PROVA: osservate come terminano le vostre meditazioni. Che si siano svolte in posizione supina, seduta, eretta o camminando constatate « chi » le conclude, come, quando e perché. Non pronunciate giudizi su di esse o su voi stessi, limitatevi a osservare e seguite la transizione per fasi successive.

Quale durata per la pratica?

> *Domanda*: Dottor Kabat-Zinn, per quanto tempo devo meditare?
> *Risposta*: Come faccio a saperlo?

L'interrogativo sulla durata della meditazione continua a essere posto. Da quando abbiamo iniziato il nostro lavoro usando la meditazione per i pazienti della clinica abbiamo avuto l'impressione che sarebbe stato importante per loro sottoporsi subito a periodi di pratica relativamente prolungati. Essendo fortemente convinti del principio che se si chiede molto si ottiene molto e viceversa, ci siamo orientati su quarantacinque minuti quale pratica basilare quotidiana da svolgersi a casa. Tre quarti d'ora ci sembravano sufficienti per instaurare un regime di tranquillità e di osservazione della successione dei vari momenti e forse per sperimentare almeno qualche istante di rilassamento sempre più profondo e un senso di benessere. Ritenevamo anche che quell'intervallo di tempo potesse offrire ampie occasioni per affrontare gli stati mentali che solitamente speriamo di evitare perché governano la nostra vita e riducono sensibilmente (quando non sopraffanno completamente) la nostra capacità di mantenere calma e consapevolezza. Naturalmente gli accusati sono come al solito noia, impazienza, frustrazione, paura, ansietà (a cui si aggiunge la preoccupazione per le cose che si potrebbero fare se non si perdesse tempo con la meditazione), fantasie, ricordi, risentimento, dolore, fatica e sofferenza.

I risultati hanno confermato la nostra intuizione. La maggior parte dei nostri pazienti si è sottoposta volontariamente alle non sempre facili modifiche nella vita quotidiana, praticando per quarantacinque minuti di seguito per un periodo di almeno otto settimane. E molti non si discostano più da quel nuovo cammino, che non solo diventa facile, ma anche necessario, un'ancora di salvezza.

Ma vi sono controindicazioni a questo modo di vedere le cose. Ciò che può essere arduo ma fattibile per una persona in un dato periodo della sua vita potrebbe risultarle impossibile in un altro momento. Nel migliore dei casi concetti come «lungo» e «breve» sono relativi. La madre di bambini piccoli difficilmente potrà disporre di quarantacinque minuti filati per alcunché. Questo significa che non può meditare?

Se la vostra vita è in crisi perpetua o siete immersi in una situazione sociale o economica caotica, potreste avere difficoltà a raccogliere l'energia psichica necessaria per meditare a lungo, anche disponendo di tempo. Sembra che qualcosa si frapponga sempre, in particolare se ritenete di dover disporre di quarantacinque minuti anche come punto di partenza. Praticare in spazi ristretti e occupati da altri familiari potrebbe far sorgere elementi di disturbo e d'impedimento alla pratica quotidiana.

Non ci si può attendere che studenti in medicina possano riservarsi periodi di tempo prolungati per non-agire, e questo vale per molti altri che esercitano professioni stressanti o vivono situazioni impegnative. E anche per chi è mosso da semplice curiosità per la meditazione ma non ha alcun motivo impellente per sottoporsi a un'attività ritenuta scomoda o che richieda troppo tempo.

Per chi cerca equilibrio nell'esistenza, una certa flessibilità di approccio è non solo utile, ma anche essenziale. È fondamentale sapere che nella pratica meditativa il tempo non ha molta importanza; cinque minuti di pratica formale possono essere tanto intesi e profondi quanto quarantacinque minuti, o addirittura di più. La sincerità dell'impegno conta molto più del tempo impiegato, dato che in realtà si tratta di dissociarsi dai minuti e dalle ore per entrare nei momenti autenticamente privi di dimensione e pertanto infiniti. Di conseguenza ciò che importa è sentirsi motivati a praticare, anche per poco. La consapevolezza deve essere coltivata e blandita, protetta dai venti di una vita convulsa o di una mente inquieta e tormentata, allo stesso modo in cui una fiammella dev'essere riparata da forti correnti d'aria.

Se poteste trovare cinque minuti, anche uno solo all'inizio, sarebbe davvero meraviglioso; significherebbe che avete già compreso il valore di fermarvi, di passare anche momentaneamente dall'agire all'essere.

Quando insegniamo meditazione agli studenti di medicina per alleviare la tensione e talvolta il trauma dell'istruzione medica nella sua forma attuale, ad atleti che intendono allenare la mente oltre al corpo per ottimizzare la prestazione, a persone sottoposte a un programma di riabilitazione polmonare che devono imparare molte cose oltre che a meditare, oppure a impiegati che partecipano a un corso antistress durante l'intervallo del pranzo, non insistiamo su quarantacinque minuti di pratica al giorno. (Lo facciamo solo con i nostri pazienti o con persone pronte a intraprendere un tale drastico mutamento di vita per loro ragioni personali.) Li sollecitiamo invece a praticare per quindici minuti al giorno di seguito o due volte al giorno se vi riescono.

Se vi riflettete un attimo, pochi fra noi – indipendentemente da ciò che facciamo o dalla nostra situazione personale – troverebbero difficoltà a individuare due spazi di quindici minuti su ventiquattro ore di cui disporre liberamente. Se non quindici, allora dieci o cinque.

> In una corda lunga quindici centimetri vi è un numero infinito di punti e altrettanti ve ne sono in tre centimetri. Bene, quanti momenti vi sono in quindici minuti, cinque, dieci o quarantacinque? Il risultato equivale a dire che abbiamo tempo in abbondanza se siamo disposti a prendere atto coscientemente di un certo numero di momenti.

Al centro della consapevolezza vi è l'intenzione di praticare e poi scegliere un momento qualsiasi assimilandolo pienamente con la vostra posizione interiore ed esteriore. Lunghi o brevi periodi di pratica sono egualmente utili, ma quelli lunghi potrebbero non sfociare mai in un esito utile se la vostra frustrazione e altri ostacoli sul vostro cammino fossero eccessivi. Molto meglio avventurarsi in lunghi periodi di pratica gradualmente e di vostra iniziativa, anziché rischiare di non raggiungere la consapevolezza o la quiete perché gli ostacoli sono giudicati insuperabili. Un viaggio di mille miglia inizia di fatto con un solo passo. Quando decidiamo di fare quel passo – ossia sedere anche per brevissimo tempo – possiamo astrarci dal tempo in qualsiasi momento. Da qui provengono tutti i benefici, solo da qui.

*

> Quando mi cercherai veramente, mi vedrai all'istante – mi troverai nel più piccolo ambito del tempo.
>
> KABIR

PROVA: meditate seduti per periodi di tempo prefissati e osservate quali effetti ha sulla vostra pratica. La concentrazione diminuisce se sedete più a lungo?

È una vostra ossessione preoccuparvi di quanto a lungo «dovete» essere presente? A un certo punto vi sentiti impazienti? La mente diventa reattiva o ossessiva? Compare una sorta di inquietudine? Ansietà? Noia? Preoccupazione per il passare del tempo? Sonnolenza? Ottusità? Se siete neofiti della meditazione vi sorprendete a pensare: «Ma è una sciocchezza», oppure «È giusto come lo faccio?» o «È tutto qui ciò che dovrei provare?» Queste sensazioni hanno inizio immediato o si presentano in seguito? Potete considerarle stati mentali? O prenderne atto senza giudicarle né giudicare voi stessi anche per brevi periodi? Se le accogliete liberamente e analizzate le loro qualità lasciandole scorrere liberamente, potreste imparare molto su ciò che di forte e incrollabile esiste in voi. E ciò che è forte potrà divenirlo ancor più se coltiverete stabilità e calma interiori.

Non c'è un modo giusto

Quando vado a fare un'escursione con la mia famiglia sui monti Teton penso ricorrentemente alla presa sul terreno; a ogni passo il piede deve poggiare in qualche punto. Salendo o discendendo distese di massi, pendenze ripide lungo il sentiero o al di fuori, i nostri piedi prendono decisioni in centesimi di secondo per conto nostro su dove e come entrare in contatto col terreno, con quale angolatura, esercitando una data pressione, col tallone o la punta, facendoli ruotare o tenendoli diritti. I bambini non chiedono mai: « Papà, dove devo mettere il piede? Devo montare sul quel masso o su quell'altro? » Lo fanno e basta e ho notato che trovano il modo per procedere, ossia decidono dove poggiare il piede a ogni passo e non necessariamente seguendo la mia traccia.

Questo mi dice che i piedi trovano la strada giusta. Osservando i miei mi sorprendo a pensare in quanti modi e punti diversi potrei poggiarli a ogni passo e a come da questa potenzialità momentanea in evoluzione il piede scelga una determinata via, la percorra poggiando con tutto il peso (tranne che nei punti pericolosi), e poi lascia avanzare l'altro piede affinché io posso procedere. Tutto questo si svolge praticamente senza necessità di pensare, salvo nei punti più ardui in cui entrano in gioco attenzione ed esperienza e occorre che dia una mano a mia figlia Serena, la più piccola. Ma questa è l'eccezione, non la regola. Di norma non guardiamo i piedi né pensiamo al passo da eseguire. Guardiamo avanti, lungo il sentiero, e il nostro cervello, che registra tutto, prende decisioni rapidissime in modo che posiamo il piede a seconda della configurazione del terreno in quel punto preciso.

Questo non significa che non si possa sbagliare; si deve essere prudenti e sentire dove si posano i piedi. Occhi e cervello sono abilissimi nel giudicare il terreno rapidamente e a impartire istruzioni dettagliate a torso, arti e piedi, cosicché l'intero processo di fare un passo su una superficie accidentata diventa un perfetto equilibrio in movimento, malgrado la complicazione di scarponi e zaini. Si tratta di una consapevolezza interiore, stimolata e attivata dal terreno difficile. Se dovessimo percorrere un sentiero dieci volte, il problema di ciascun passo verrebbe risolto differentemente. Camminare dispiega sempre l'unicità del momento in atto.

Non è diverso per quanto riguarda la meditazione. Non esiste effettivamente e veramente un «modo giusto» di praticarla, anche se lungo questo percorso vi sono trabocchetti da cui guardarsi. È meglio affrontare ciascun momento in tutta la sua freschezza e facendo attenzione al suo ricco potenziale. Lo osserviamo in profondità e poi passiamo al successivo, senza soffermarci sul precedente. Ogni momento può quindi essere autentico, ogni respiro è un nuovo inizio, un nuovo abbandono, un nuovo lasciar le cose come stanno. Come quando camminiamo su un terreno sassoso; qui nulla è lasciato «all'immaginazione». Certo, c'è molto da vedere e da capire lungo questa via; ma non devono esservi forzature, così come non si può costringere qualcuno ad apprezzare la luce dorata del sole al tramonto che illumina i campi di frumento o la luna nascente dietro le montagne. In momenti come questi è preferibile il silenzio. Tutto quello che si può fare è essere presenti a questa immensità e sperare che altri la vedano emergere dal silenzio. I tramonti e i chiari di luna parlano da soli, con un proprio linguaggio, dipingendo le proprie tele. A volte il silenzio dà la parola alla natura incontaminata.

Allo stesso modo, nella pratica meditativa è meglio attenersi e rendere omaggio alla propria esperienza diretta, senza domandarsi con eccessive preoccupazioni se *questo* è quanto si ritiene che si debba sentire, vedere o pensare. Perché non fidarvi dell'esperienza personale in quel momento, come vi affidereste al piede per mantenere l'equilibrio quando camminate sulle rocce? Se praticherete questo tipo di fiducia di fronte all'insicurezza e alla forte propensione a rivolgervi a un'autorità che legittimi la vostra esperienza (per quanto limitata, e di solito lo è) con la sua benedizione, scoprirete che lungo il cammino accade qualcosa di natura sempre più profonda. I piedi e la respirazione ci aiutano a essere prudenti, a procedere con consapevolezza, a trovarci a nostro agio in ogni momento, dovunque i piedi ci portino, ad apprezzare dove ci troviamo. Quale maggior dono potrebbe esserci elargito?

PROVA: prendete coscienza di tutte le volte in cui, durante la meditazione avete pensato: «Mi comporto nel modo giusto?», «È così che dovrei sentirmi?», «È questo che dovrebbe accadere?» Invece di tentare di rispondere a queste domande, indagate più profondamente nel momento attuale, espandete la vostra attenzione proprio ora. Mantenete l'interrogativo in sospeso nel contesto della vostra respirazione e delle componenti di questo momento particolare. Potete essere certi che «così stanno le cose», quali che siano il significato e la collocazione del «così». Ricercando in profondità quale sia il «così» del momento presente, assicuratevi la continuità della consapevolezza consentendo che un istante si evolva in quello successivo senza analizzare, dibattere, giudicare, condannare o dubitare; limitandovi semplicemente a osservare, abbracciare, aprire, lasciar correre, accettare. Ora, subito. Solo questo passo, solo questo momento.

Qual è il mio modo di meditare?

Si fa presto a dire ai bambini che non possono far sempre a modo loro, sottintendendo che questo sia sbagliato. E quando chiedono, «Perché no, mamma?» , «Perché no, papà?» e abbiamo esaurito le spiegazioni o la pazienza, molto probabilmente concludiamo così: «Non importa. Fai quello che ti dico, capirai quando sarai grande».

Ma questo comportamento non è alquanto ingiusto? Noi adulti non ci comportiamo forse come i nostri figli? Non vogliamo sempre che le cose si svolgano a modo nostro? Qual è la differenza rispetto ai nostri bambini, salvo che noi siamo meno onesti e aperti? E se *potessimo* fare a modo nostro, cosa accadrebbe? Ricordate in quanti guai incorrono i personaggi delle fiabe quando un genietto, uno gnomo o una strega si offrono di esaudire tre loro desideri?

È noto che nel Maine quando chiedete un'indicazione stradale sono soliti dire: «Da qui non arrivi là». In termini di consigli per la vita è forse più giusto dire: «Potrai arrivare là solo se sei interamente qui». Quanti fra noi si rendono conto di questo piccolo intoppo nel tessuto della vita? Sapremmo cosa scegliere se ne avessimo la possibilità? Poter fare a modo nostro risolverebbe qualcosa oppure se dipendesse da noi realizzare i nostri desideri seguendo impulsi dettati dal nostro stato mentale sovente inconsapevole complicheremmo ulteriormente la nostra esistenza?

L'interrogativo veramente interessante è «Cosa voglio esattamente?» Raramente contempliamo la nostra vita con tale spirito d'indagine. Con quale frequenza ci soffermiamo su questioni come «Chi sono?», «Dove vado?», «Quale via ho imboccato?», «È la direzione giusta per me? », « Se ora potessi scegliere una via, quale direzione prenderei? », « A che cosa aspiro, quale cammino vorrei seguire? », « Che cosa amo veramente? »

Riflettere su « Qual è la mia strada? » è un elemento importante da inserire nella nostra pratica meditativa. Non dobbiamo trovare risposte né pensare che ne debba esistere una in particolare. Meglio non pensare affatto. Insistete invece a porvi la domanda, lasciando che le risposte formulate vadano e vengano da sole. Come per qualsiasi aspetto della meditazione limitatevi a osservare, ascoltare, lasciare le cose come stanno, lasciar correre, ripetendovi le domande: « Qual è il mio modo? », « Quale via scegliere? », « Chi sono io? »

In questo caso l'obiettivo è rendersi disponibili a *non sapere*, magari permettendovi di arrivare al punto di ammettere « Non so » e provando quindi a conciliarvi un poco con questo *non sapere* invece di autocondannarvi. Dopo tutto, in questo momento potrebbe essere una precisa descrizione della vostra situazione.

Un esame di questo tipo induce di per sé ad aperture, nuove acquisizioni, visioni e azioni, assumendo vita propria dopo un certo periodo. Permea i pori del vostro essere, inspirando nuova vitalità, vivacità e bellezza nella consuetudine, nel trantran, nella routine. Finirà col « formarvi », non sarete più voi a condurlo. Questo è un buon metodo per trovare il cammino più vicino alle vostre aspirazioni. È un viaggio di proporzioni eroiche, tanto più se ravvivato da lucidità e impegno nell'indagine avventurosa. In quanto esseri umani siete i protagonisti dell'epopea dell'eroe universale, della fiaba, della leggenda di re Artù. Sia per gli uomini, sia per le donne, questo viaggio è la traiettoria fra la nascita e la morte, una vita vissuta. Nessuno sfugge all'avventura, solo che l'affrontiamo in modo diverso.

Possiamo seguire lo svolgimento della nostra vita? Cogliere l'occasione della nostra condizione umana? Accogliere le sfide, persino cercarle per metterci alla prova, crescere, agire coerentemente ai principi, essere fedeli a noi stessi, trovare la nostra modalità esistenziale e alla fine non solo averla ma, cosa assai più importante, anche viverla?

La montagna e la meditazione

Rispetto alla meditazione, le montagne hanno molto da insegnare, quale archetipi significativi in tutte le culture. Le montagne sono luoghi sacri e l'umanità vi ha sempre cercato guida spirituale e rinnovamento. La montagna è il simbolo dell'asse originario della Terra (Monte Meru), la sede degli dèi (Monte Olimpo), il luogo in cui il capo spirituale incontra Dio e ne riceve i Comandamenti (Monte Sinai). Le montagne comunicano un senso di sacralità e personificano timore e armonia, asprezza e maestà. Elevate sopra il resto del mondo, la loro stessa presenza attira e incombe. La loro natura è primigenia. Dura come la roccia, solida come la roccia. Le montagne sono luoghi di visioni, dove è possibile commisurare la scala panoramica del mondo naturale e la sua commistione con le fragili ma tenaci radici della vita. Nella storia e preistoria dell'umanità hanno svolto funzioni chiave. Fra i popoli tradizionali erano e sono ancora madre, padre, guardiano, protettore, alleato.

Nella pratica meditativa, talvolta può risultare utile «prendere a prestito» queste meravigliose qualità esemplari delle montagne e utilizzarle per spronare i nostri propositi e la decisione di compenetrarsi nel momento con semplicità e purezza primordiali. L'immagine della montagna fissata nell'occhio della mente e nel corpo può ricordare innanzitutto perché si è in seduta meditativa e cosa significa, ogni volta che prendiamo posto, immergersi nel regno del non-agire. Le montagne sono l'emblematica quintessenza di presenza e imperturbabilità costanti.

La meditazione della montagna può essere effettuata nel modo che segue e modificata in conformità alla vostra immagine personale della montagna e del suo significato. La posizione non è importante, ma la trovo più che mai efficace quando sono seduto a gambe incrociate in modo che il mio corpo assomiglia e si sente maggiormente simile a una montagna, interiormente ed esternamente. Trovarsi sopra o in vista di una montagna aiuta ma non è necessario. La fonte dell'energia è l'immagine interiore.

Immaginate la più bella montagna che conoscete o vi è nota, la cui forma vi ispiri personalmente. Mentre vi concentrate per vederla o sentirla con l'occhio della mente, considerate la sua forma, la vetta elevata, la base radicata nella crosta terrestre, i versanti ripidi o dolcemente digradanti. Notate anche quanto è massiccia, immobile, bella sia vista da lontano che in prossimità – di una bellezza contraddistinta dal profilo della sua forma e contemporaneamente impersonante qualità universali « montane » che trascendono la particolarità di costituzione e forma.

Forse la vostra montagna ha la cima innevata e boschi alle quote più basse; forse presenta una cima svettante o una serie di crinali oppure un ampio altopiano. Quale che sia la sua apparenza, sedete e respirate con l'immagine della montagna, osservandola, notando le sue caratteristiche. Quando vi sentite pronti, provate ad assimilarla dentro di voi, in modo che il vostro corpo e il monte fisso nell'occhio della mente siano una cosa sola. Il vostro capo diventa la vetta, le braccia e le spalle i versanti, le natiche e le gambe che poggiano sul cuscino collocato sul pavimento o sulla sedia sono la base della montagna. Percepite nel corpo il senso di elevazione della montagna, e nel profondo della colonna vertebrale l'asse su cui si erge. Trasformatevi in una montagna che respira, incontrollabili nella vostra immobilità, nella pienezza dell'essere – al di là di parole e pensieri, una presenza incentrata, radicata, impassibile.

Ora, come sapete perfettamente, per tutta la giornata, mentre il sole compie il suo percorso nel cielo, il monte semplicemente resta fermo, ma luce, ombra e colori mutano virtualmente ogni momento nella sua adamantina immobilità. Persino l'occhio non esercitato può notare i cambiamenti avvenuti di ora in ora. Questo ricorda i capolavori di Claude Monet, che ebbe l'idea geniale di disporre una serie di cavalletti e dipingere alcuni soggetti come si presentavano ogni ora, passando da una tela all'altra mentre il gioco di luci, ombre e colori trasformava una cattedrale, un fiume o una montagna attirando così l'occhio dell'osservatore. Mentre la luce cambia, la notte segue il giorno e viceversa, la montagna resta immota, limitandosi a essere se stessa. Così rimane mentre ciascuna stagione sfocia nella successiva e il tempo meteorologico varia da un momento all'altro, da un giorno all'altro. Un'immobilità che contiene tutti i cambiamenti.

In estate non vi è più neve sui monti, eccetto forse alle quote più alte o negli anfratti protetti dal calore del sole. In autunno la montagna può dispiegare una copertura di brillanti e fiammeggianti cromatismi e in inverno una coltre di neve e ghiaccio. In qualsiasi stagione può trovarsi avvolta da nubi o nebbia o frustata da pioggia gelida. I turisti venuti per visitarla rimangono delusi se non è possibile vederla chiaramente, ma essa rimane indifferente – visibile o meno, con il sole o le nuvole, arsa o ghiacciata, semplicemente siede, fedele a se stessa. Talvolta tormente o bufere imperversano attorno alle sue cime, oppure è sferzata da venti di forza inimmaginabile, ma è sempre la stessa. Arriva la primavera, gli uccelli tornano a cantare fra gli alberi, le foglie rispuntano sui rami che le avevano lasciate cadere, i fiori sbocciano negli alpeggi e sui versanti, i torrenti ribollono d'acqua mentre le nevi si sciolgono. E intanto la montagna continua a rimanere seduta, impassibile alle offese del clima, a ciò che accade sulla superficie, al mondo delle apparenze.

Mentre sediamo con questa immagine nella nostra mente, possiamo incorporare le stesse incrollabili caratteristiche di immobilità e radicamento di fronte a qualsiasi cambiamento che avviene nella nostra vita ogni secondo, ogni ora, ogni anno. Nella vita e nella pratica meditativa sperimentiamo costantemente la natura mutevole della mente, del corpo e del mondo esterno. Siamo soggetti a periodi di luce e oscurità, di colori vivaci e di scialba monotonia, a bufere di violenza e intensità variabili provenienti sia dal mondo esterno sia dal nostro essere più riposto. Flagellati da forti venti, dal freddo e dalla pioggia, sopportiamo periodi di oscurità e sofferenze e godiamo momenti di gioia ed entusiasmo. Persino il nostro aspetto varia costantemente, come quello della montagna, subendo propri mutamenti climatici e intemperie.

Trasformandoci in una montagna nella nostra meditazione possiamo penetrare nella sua forza e stabilità e farle nostre, usando le sue energie a sostegno dei nostri sforzi intesi ad affrontare ogni momento con consapevolezza, equanimità e chiarezza. Questo potrebbe aiutarci a comprendere che i pensieri, i sentimenti, le preoccupazioni, le bufere emotive e le crisi, qualsiasi cosa ci accada, hanno molta somiglianza con le intemperie che la montagna stessa deve subire. Noi siamo portati a considerarle come accidentalità personali, ma le loro caratteristiche più salienti sono impersonali. Le intemperie della nostra vita non possono essere ignorate o negate, bensì affrontate, accolte, sentite, comprese per quello che sono e tenute sotto attenta osservazione, dato che potrebbero esserci fatali. Considerandole in questo modo prenderemo coscienza di un silenzio, di una tranquillità e una saggezza più profondi e incrollabili di quanto avremmo mai creduto possibile, tali da non lasciarsi sopraffare neppure dalle tempeste. Se saremo capaci di ascoltarle, le montagne ci insegneranno tutto questo.

Comunque, la meditazione sotto forma di montagna è solamente un espediente, un dito puntato in una direzione non meglio precisata. Dovremo ancora osservare prima di muoverci. Se l'immagine della montagna può aiutarci ad acquisire stabilità, l'essere umano è molto più interessante e complicato; noi siamo montagne che respirano, si muovono, danzano; possiamo essere solidi come rocce, fermi e incrollabili e nel contempo malleabili, teneri e volubili. Disponiamo di un ampio arco di potenzialità, possiamo vedere e sentire, sapere e capire. Possiamo imparare, crescere, guarirci, soprattutto se sapremo imparare ad ascoltare l'armonia interiore delle cose e a mantenere la perpendicolarità della montagna nel bene e nel male.

*

Gli uccelli sono scomparsi dal cielo
e ora l'ultima nuvola si dissolve.
Sediamo assieme, la montagna e io,
finché solo la montagna rimane.

Li Po

PROVA: mantenete nella mente l'immagine della montagna durante la meditazione formale. Esplorate la sua utilità nell'intensificare la vostra capacità di stare immobili, di sedere per periodi di tempo più prolungati, di fronte alle avversità, difficoltà, bufere o alla monotonia spirituale. Chiedetevi cosa imparate da questo tipo di pratica. Potete individuare alcune impercettibili trasformazioni nel vostro atteggiamento verso i cambiamenti che si verificano nella vostra vita? Potete conservare l'immagine della montagna nella quotidianità? Potete vedere la montagna in altri, accettandone la diversità di forme e l'unicità di fondo?

La meditazione e il lago

L'immagine della montagna è solo una fra molte che si possono scegliere per sostenere la pratica meditativa e renderla più vivida ed essenziale. Anche le immagini di alberi, fiumi, nubi, cieli possono fornire un aiuto. L'immagine non è di per sé fondamentale, ma può approfondire ed espandere il vostro concetto di pratica.

Alcuni trovano particolarmente valida l'immagine di un lago, che per la sua forma si presta alla posizione distesa, senza peraltro dover essere esclusa durante la meditazione da seduti. Sappiamo che l'acqua è un elemento originario quanto la roccia; anzi, per sua natura è più forte, dato che può erodere la roccia. L'acqua ha anche la qualità meravigliosa della ricettività: si apre per accogliere qualsiasi cosa e poi si ricompone. Se colpite una montagna o un sasso con un martello, malgrado la loro durezza, o proprio per questo, la roccia si frammenta, si sbriciola, si rompe. Ma se colpite il mare o uno stagno, tutto quello che otterrete sarà un martello arrugginito. In questo si rivela una virtù fondamentale dell'acqua.

Per la pratica meditativa basata sull'immagine del lago immaginate con l'occhio della mente uno specchio d'acqua contenuto in una depressione del terreno. Notate che l'acqua stabilisce il proprio livello, chiede di essere contenuta. Nella vostra immaginazione il lago potrà essere profondo o meno, azzurro o verde, torbido o limpido. In assenza di vento la superficie è piatta e come uno specchio riflette alberi, rocce, il cielo e le nuvole, contiene tutto in sé momentaneamente; il vento solleva increspature oppure onde e le chiare immagini scompaiono; ma la luce solare può continuare a risplendere sulle ondulazioni e danzare in un gioco di diamanti scintillanti. Quando si fa sera tocca alla luna danzare sul lago o, se la superficie è calma, riflettersi in esso con i contorni degli alberi e le ombre. Durante l'inverno il lago può gelare, senza che per questo s'interrompa il brulichio della vita sotto la superficie.

Quando avrete fissato nell'occhio della mente l'immagine del lago mentre giacete supini o sedete in meditazione, interiorizzatela in modo che le vostre energie vengano raccolte da consapevolezza, apertura e compassione per voi stessi, così come le acque del lago sono contenute dal bacino ricettivo in seno alla terra. Respirando con l'immagine del lago momento per momento, percependo il suo corpo con il vostro, aprite la mente e l'animo per rispecchiare qualsiasi cosa si avvicini. Sperimentate i momenti di completa immobilità quando il riflesso e l'acqua sono completamente nitidi e quelli in cui la superficie è perturbata, mossa, con momentanee scomparse dei riflessi e del senso di profondità. Nel frattempo, mentre siete immersi nella meditazione, osservate semplicemente il gioco delle varie energie della vostra mente e del vostro cuore, i pensieri e le sensazioni fuggevoli, gli impulsi e le reazioni che si succedono come increspature e onde; notatene gli effetti mentre registrate il gioco delle energie mutevoli sulla superficie del lago: il vento, le onde, luci, ombre e riflessi, colori e odori.

I vostri pensieri e sensazioni turbano la superficie? State bene? Riuscite a vedere una superficie increspata e ondosa come un aspetto intimo ed essenziale dello stesso lago? Potete identificarvi non solo con quest'ultima ma con l'intero *corpo* dell'acqua, al punto da acquisire l'immobilità della zona subsuperficiale che al massimo risente di lievi ondulazioni, anche quando il lago è flagellato dal vento?

Allo stesso modo, nella vostra pratica meditativa, potete identificarvi non solo con i contenuti dei vostri pensieri e sentimenti, ma anche con la vasta, irremovibile riserva di consapevolezza che si trova sotto la superficie della mente? Nella meditazione basata sul lago, ci si siede intenzionati a prendere coscienza e ad accettare tutte le qualità della mente e del corpo, così come il lago è contenuto, racchiuso dalla terra, riflettendo sole, luna, stelle, alberi, rocce, nubi, uccelli, la luce e il cielo, accarezzato dalla brezza e dal vento, che ne fanno emergere e sottolineano la brillantezza, la vitalità e l'essenza.

*

In giorni simili – in settembre o in ottobre – Walden è uno

specchio perfetto della foresta, circondato da pietre, preziose al mio occhio come le più scelte o più rare. Nulla di tanto bello, puro e insieme tanto ampio, come un lago, forse, giace sulla terra. Acqua-firmamento. Non gli occorrono siepi di sorta. Le nazioni vanno e vengono senza insozzarlo. È uno specchio che nessuna pietra può rompere, il cui mercurio mai si consuma, la cui doratura è sempre riparata dalla natura; nessuna tempesta, nessuna polvere può oscurarne la superficie sempre nuova – uno specchio nel quale ogni impurità che si presenti affonda, spazzata e spolverata dalla nebbiosa spazzola del cielo – questo è il leggero e luminoso straccio per la polvere – che mai trattiene il respiro soffiato su di esso, ma invia il proprio fluttuare come nubi, in alto, sopra la sua superficie, per poi rifletterlo sempre nel suo proprio seno.

THOREAU, *Walden*

PROVA: usate l'immagine del lago a sostegno della meditazione immobile assisa o distesa, senza divagazioni, mantenuta e contenuta nella consapevolezza. Notate quando la mente rispecchia, quando è offuscata, la calma sotto la superficie. Questa immagine suggerisce nuovi modi di comportamento in circostanze turbolente?

Meditare camminando

La pace è in ogni passo

THICH NHAT HAHN, *Peace in every Step*

Conosco persone che a un certo punto hanno incontrato serie difficoltà a sedersi, ma sono state in grado di svolgere un'intensa pratica meditativa camminando. Del resto nessuno può rimanere seduto costantemente e alcuni trovano assolutamente impossibile essere consapevoli nella posizione assisa a causa della sofferenza, dell'agitazione e della rabbia che li opprimono. Ma possono farlo camminando.

Negli ambienti monastici tradizionali, i periodi di meditazione assisa sono intercalati da meditazioni in movimento. Si tratta della stessa pratica. Camminare può essere altrettanto proficuo che sedere. Ciò che importa è l'atteggiamento mentale.

Nella meditazione deambulante occorre prestare attenzione al camminare come tale. Ci si può concentrare sulla cadenza dei passi nell'insieme o su isolati, segmenti successivi del moto come sollevare il piede, procedere, poggiarlo nuovamente e così via. È possibile accoppiare la consapevolezza del camminare con la consapevolezza del respirare.

Nella meditazione in movimento non esiste una destinazione determinata; di solito si passeggia avanti e indietro in un viale oppure in circolo. Non avere letteralmente alcun luogo dove dirigersi facilita l'essere presenti lì dove si è. A cosa servirebbe cercare di trovarsi in un altro punto del percorso quando non vi è differenza? La sfida è sapersi identificare con un dato passo, un dato respiro.

Si può meditare camminando a passo lentissimo o assai spedito. Quanta attenzione potrete prestare al ciclo dei passi dipenderà dalla velocità. La pratica meditativa consiste nell'accogliere ogni singolo passo ed esserne pienamente consci. Questo significa *percepire* le sensazioni del camminare – nei piedi, nelle gambe, nel portamento, nell'andatura, come sempre momento per momento e, in questa circostanza, passo dopo passo. Si potrebbe dire «guarda dove metti i piedi»: la battuta è da prendere alla lettera, sebbene si tratti di osservare interiormente. I piedi non li guarderete nemmeno!

Come nella meditazione seduta, emergeranno sensazioni che vi distrarranno dalla mera esperienza del camminare. Si lavora con percezioni, pensieri, sentimenti e impulsi, ricordi e attese che compaiono durante la passeggiata come del resto nella meditazione assisa. In definitiva, passeggiare è quiete in movimento, consapevolezza in flusso.

È consigliabile non praticare la meditazione camminando in luoghi dove sareste esposti alla curiosità altrui, in particolare se passeggerete con lentezza. Conviene farlo nel proprio soggiorno, nei campi, in una radura fra gli alberi oppure lungo spiagge isolate. Anche spingendo un carrello in un supermercato potrete camminare con flemma a vostro piacimento.

Potete praticare dovunque la meditazione deambulante in modo informale. Questo non comporta passeggiare avanti e indietro o in circolo, ma procedere normalmente. È possibile camminare con consapevolezza lungo un marciapiede o un corridoio dell'ufficio, durante un'escursione, accompagnando il cane o i bambini; dovrete invece ricordare di essere presenti a voi stessi e al vostro corpo, rammentarvi semplicemente di interiorizzare il momento, coscienti di ogni passo effettuato, accettando ciascun momento come viene. Se vi scoprite in preda alla fretta o all'impazienza, rallentare il passo contribuirà a placarvi e a ricordarvi che ora siete qui e quando arriverete là, vi troverete là. Se perderete il senso del *qui*, altrettanto avverrà per il *là*. Se la vostra mente non è focalizzata sul punto in cui vi trovate è poco probabile che lo diventi solo perché siete arrivati altrove.

PROVA: prendete coscienza dei vostri passi, dovunque vi troviate. Rallentate un poco. Concentratevi sul vostro corpo e sul momento presente. Apprezzate il fatto che, a differenza di molti, potete camminare; rendetevi conto di questa possibilità miracolosa e per un momento non date per scontato che il vostro corpo funzioni così meravigliosamente. Considerate che state deambulando in posizione eretta sulla superficie di Madre Terra. Camminate con dignità e sicurezza, come recita il detto Navajo: « Procedi in bellezza, dovunque tu sia ».

Cercate anche di camminare formalmente. Prima o dopo una seduta, sperimentate un periodo di meditazione in movimento, variabile da dieci minuti a mezz'ora, mantenendo la continuità della consapevolezza fra la camminata e la posizione seduta. Ricordate sempre che il tempo cronologico, di per sé, non è importante, ma imparerete di più e comprenderete più profondamente la meditazione deambulante se vi sfiderete a continuare dopo il primo o il secondo impulso a fermarvi.

La meditazione in posizione eretta

Per questo tipo di meditazione la cosa migliore è ispirarvi agli alberi. Avvicinatevi a una pianta o, ancor meglio, entrate in un gruppo di alberi e guardate all'esterno in una sola direzione. Evocate la sensazione di sviluppare radici nel terreno e di ondeggiare lievemente, come fanno gli alberi mossi dalla brezza. Rimanete immobili, in unisono col vostro respiro, assorbite ciò che vi sta di fronte oppure chiudete gli occhi percependo l'ambiente circostante, l'albero più vicino, ascoltatelo, sentite la sua presenza, toccatelo con la mente e il corpo.

Usate la respirazione per aiutarvi a immedesimarvi nel momento... con la sensazione del vostro corpo eretto, che respira, vivendo istante per istante.

Al primo segnale di stanchezza, conservate la stessa posizione ancora un poco, ricordando che gli alberi rimangono immobili per anni, talvolta per tutta la loro vita se sono fortunati. Cercate di capire se hanno qualcosa da insegnarvi sull'immobilità e sul mantenere il contatto. Dopo tutto penetrano nel terreno con le radici e il fusto, toccano l'aria col tronco e i rami, la luce solare e il vento con le foglie. Tutto, in un albero eretto, esprime contatto. Provate a fare altrettanto, anche per brevi periodi di tempo, a entrare in contatto con l'aria sulla pelle, con la sensazione dei piedi sul terreno, dei suoni dell'ambiente, della danza di luce, colori e ombre, la danza della mente.

PROVA: rimanete eretti dovunque vi troviate, nel bosco, in montagna, presso un fiume, nel soggiorno di casa vostra o semplicemente in attesa dell'autobus. Quando siete soli, potete rivolgere i palmi delle mani al cielo, a braccia aperte in varie posizioni, come rami e foglie, disponibili, aperti, ricettivi, pazienti.

La meditazione supina

Mettersi distesi è un modo meraviglioso di meditare se si riesce a non addormentarsi. Ma se dovesse accadere, il vostro sonno potrebbe essere più riposante se indotto dalla meditazione. Potrete destarvi allo stesso modo, con piena consapevolezza dei primi momenti del risveglio.

Quando il corpo è disteso si può veramente rilassarlo completamente con maggiore facilità che in qualsiasi altra posizione. Affonda nel letto, stuoia, pavimento o terreno finché i muscoli cessano ogni minimo sforzo. È un profondo allentamento a livello dei muscoli e dei neuroni preposti al movimento che li governano. La mente seguirà rapidamente se le consentirete di rimanere aperta e attenta.

Usare il corpo nella sua interezza quale oggetto di attenzione nella meditazione supina è una benedizione. Potete percepirlo dal capo alla punta dei piedi, mentre respira e irradia calore in tutto l'involucro della pelle. È l'intero corpo che respira, che vive. Realizzando la consapevolezza del corpo nel suo complesso, è possibile riappropriarsene quale sede del proprio essere e della propria vitalità, ricordando che la persona, chiunque essa sia, non abita solamente nella testa.

Quando praticate la meditazione in posizione supina potete anche concentrarvi su aree diverse, in modo sia estemporaneo sia più sistematico. Nelle nostra clinica, iniziamo le persone a questo tipo di meditazione sotto forma di *analisi anatomica* della durata di quarantacinque minuti. Non tutti sono in grado di sottoporsi subito a una seduta così lunga, ma chiunque può eseguire l'analisi anatomica. Basta solo distendersi e percepire le varie parti del corpo lasciandole poi libere. È un procedimento sistematico nel senso che ci si muove lungo le varie zone corporee seguendo un ordine particolare. Ma non esiste una sola modalità di esecuzione; si può quindi partire dal capo verso i piedi o viceversa e, quanto a questo, anche da un fianco all'altro.

Un modo per praticare è dirigere il respiro interiormente alle e dalle varie parti del corpo, come se poteste inspirare e poi espirare aria attraverso gli alluci, un ginocchio o un orecchio.

Quando vi sentite pronti, è sufficiente abbandonare quella zona con un'espirazione, consentendo/invitandola a dissolversi dall'occhio della mente (la vostra immaginazione) mentre i muscoli si rilassano e cadete nell'immobilità e consapevolezza più assoluta prima di passare a un'altra zona del corpo con una successiva inspirazione. Nel limite del possibile fate in modo di respirare attraverso il naso.

Non occorre tuttavia dedicarsi alla meditazione supina con la stessa metodicità dell'analisi corporea; potreste anche concentrarvi su particolari punti del corpo perché predominanti nella vostra consapevolezza, forse a causa di un dolore o di un problema di altro genere. Entrare in queste zone del corpo con franchezza, attenzione e accettazione può essere assai salutare, specialmente se praticherete con regolarità. Si ha la sensazione di nutrire nel profondo cellule e tessuti, psiche e spirito, il corpo intero e l'animo.

La meditazione supina è anche un buon modo per entrare in contatto con la vostra emotività. Oltre a quello fisico, possediamo un cuore metaforico, legato ai sentimenti. Concentrarsi sulla zona del cuore può aiutare a sintonizzarsi con qualsiasi sensazione di costrizione, tensione o pesantezza nel torace e a prendere atto di emozioni quali tristezza, solitudine, disperazione, senso di inferiorità o ira, latenti sotto la superficie di quelle sensazioni fisiche. Nel linguaggio comune parliamo di cuori infranti, di cuore duro, perché nella nostra cultura il cuore è considerato la sede della vita emotiva. Così è anche per sentimenti come amore, gioia, compassione, e tali emozioni meritano attenzione e stima quando le scoprite.

Una serie di pratiche meditative specializzate come la meditazione improntata alla gentilezza amorevole sono specificamente orientate allo sviluppo di particolari stati emotivi che espandono e aprono il cuore metaforico. Accettazione, tolleranza, gentilezza amorevole, generosità e fiducia s'intensificano concentrando e mantenendo desta l'attenzione sulla zona del cuore. Questi sentimenti vengono rafforzati all'interno della pratica meditativa formale o anche semplicemente riconoscendoli quando emergono spontaneamente durante la meditazione e accogliendoli con consapevolezza.

Anche altre zone corporee hanno un significato metaforico e possono essere avvicinate, supini o in altre posizioni, con una sensibilità analoga. Il plesso solare è collegato alla luminosità e alla radiosità e può aiutarci a percepire sensazioni di centralità, dato che costituisce il centro di gravità del corpo, e di vitalità (calore digestivo). La gola dà voce alle emozioni e può essere contratta o sciolta. Talvolta i sentimenti possono essere «strozzati in gola» anche se il cuore è aperto. Quando sviluppiamo la consapevolezza nella regione della gola possiamo immedesimarci maggiormente nell'eloquio e nelle sue qualità tonali – esplosività, rapidità, asprezza, volume e automaticità da un lato, pacatezza, gentilezza e sensibilità, dall'altro – come pure nei suoi contenuti.

Ogni zona del corpo fisico ha una controparte nel corpo, o nella «mappa», emotivo, che per noi ha un significato più profondo, spesso nascosto al nostro livello di coscienza. Per crescere è necessario attivare, ascoltare e imparare continuamente dal corpo emotivo. Le meditazioni supine possono offrire grande aiuto a condizione di essere disposti poi ad agire coerentemente con le proprie intuizioni. Nei tempi antichi le nostre culture, mitologie e rituali contribuivano ad attivare il nostro corpo emotivo onorandone la vitalità e la transitorietà. Solitamente questo avveniva all'interno di pratiche di iniziazione differenziate a seconda del sesso, organizzate dalla comunità degli anziani, il cui compito consisteva nell'educare gli adolescenti a comportarsi da adulti nella tribù o cultura. Oggi l'importanza dello sviluppo emotivo è scarsamente riconosciuta. Sia gli uomini sia le donne vengono prevalentemente lasciati a se stessi e ai propri accorgimenti per maturare come adulti. Forse i nostri immediati predecessori si sono talmente snaturati per la mancanza di simili cure che non esiste più un retaggio collettivo inteso a guidare il risveglio della vitalità e autenticità emotiva delle nuove generazioni, dei nostri figli. La consapevolezza può contribuire alla riappropriazione dell'antica saggezza in noi e negli altri.

Dato che ci corichiamo per tanta parte della nostra vita, la meditazione supina fornisce un facile accesso a un'altra dimensione di consapevolezza. Prima di dormire, al risveglio, mentre riposiamo o ci concediamo una sosta, coricarsi può di per sé invitare a praticare la consapevolezza, congiungendo il corpo e la respirazione momento per momento, colmando il corpo di consapevolezza e accettazione, ascoltando, ascoltando, udendo, udendo, crescendo, crescendo, lasciando andare, lasciando andare...

PROVA: sintonizzatevi col vostro respiro in posizione supina, percepitene il movimento in tutto il corpo; accompagnate la respirazione nelle varie parti del corpo, come i piedi, le gambe, la regione pelvico-genitale, il ventre, il torace, il dorso, le spalle, le braccia, la gola, il collo, il capo, il volto. Ascoltate con attenzione. Lasciatevi andare a sentire qualsiasi cosa sia presente. Seguite le sensazioni di flusso e cambiamento e fate attenzione a cosa provate.

Cercate di meditare volutamente supini, non solo al momento di andare a dormire. Fatelo fuori dal letto, sul pavimento, a varie riprese durante la giornata. Se ne avrete l'occasione fatelo nei campi, nei prati, fra gli alberi, sotto la pioggia, nella neve.

Prestate particolare attenzione al corpo prima di dormire e al momento del risveglio. Anche solo per pochi minuti distendetevi, completamente, sul dorso, se possibile, e percepite il corpo come una sola respirazione. Prestate particolare attenzione alle vostre zone problematiche e intervenite perché la respirazione le recuperi come parte integrante di tutto il corpo. Tenete presente il corpo emotivo e accogliete con apprezzamento le sensazioni «viscerali».

Distendersi sul pavimento almeno una volta al giorno

Quando ci si distende a terra, si prova una particolare sensazione di fermare il tempo sia che si pratichi una meditazione supina come l'analisi corporea sia che si lavori sistematicamente con il corpo lentamente ma con fermezza, cimentandosi con i propri limiti in svariate direzioni, come si fa nello *Hatha-Yoga* consapevole.

Il solo trovarsi a basso livello in una stanza tende a chiarire la mente. Forse perché è per noi insolito giacere sul pavimento si rompono gli schemi neurologici consolidati e questo c'invita a entrare nel momento presente attraverso un'apertura subitanea che potremmo definire la porta del corpo.

Nella pratica dello *Hatha-Yoga*, il concetto è inserirsi pienamente nel proprio corpo, mentre si diventa consapevoli di sensazioni, pensieri e sentimenti che si presentano mentre ci si muove, ci si stira, mantenendo le posizioni, stendendo o sollevando braccia, gambe e torso. Si dice che vi siano più di 80.000 posizioni yoga fondamentali. È difficile rimanere a corto di nuove sfide per il corpo, ma, per quanto mi riguarda, ritorno sempre a una successione abituale di una ventina di posizioni che nel corso degli anni mi fanno penetrare sempre più profondamente nel mio corpo e nella tranquillità.

Lo yoga vicendevolmente associa movimento e quiete. È una pratica meravigliosamente corroborante e, come nelle altre forme meditative, non ci si pone un obiettivo, ma *ci si muove di proposito* in questo momento fino ai limiti estremi del corpo. Si esplora un terreno in cui una considerevole intensità di sensazioni può provenire dal distendere, sollevare o mantenere l'equilibrio in configurazioni spaziali insolite di arti, capo e torso. Qui si rimane, di solito più a lungo di quanto vorrebbe parte della mente, unicamente respirando e percependo il proprio corpo. Non si vuole ottenere nulla. Non si gareggia con un corpo altrui né si pensa a migliorare il proprio. Non si valutano i movimenti del corpo, ma si rimane tranquilli, nell'arco completo delle proprie esperienze, accogliendo intensità e scomodità (in ogni caso lieve se non si sono superati i propri limiti), assaporando la fioritura di questi momenti nel proprio corpo.

Per il praticante assiduo tuttavia è difficile non notare che il corpo ama un trattamento costante di questo tipo e cambia di sua iniziativa. In questa pratica si crea frequentemente una « tendenza a » mentre esiste contemporaneamente la sensazione « così com'è ora » quando il corpo si adagia sempre più profondamente, abbandonandosi, steso sul pavimento nell'intervallo tra due posizioni più impegnative. Senza forzare, facciamo del nostro meglio per coesistere con l'ordito e la trama di corpo, mente, pavimento e ambiente circostante, rimanendo in contatto.

PROVA: sdraiatevi sul pavimento una volta al giorno, distendendo il corpo consapevolmente, anche per soli tre o quattro minuti, sintonizzandovi con la respirazione e con quanto suggerisce il corpo stesso. Ricordate che questo è il vostro corpo oggi. Controllate se mantenete il contatto con esso.

Non praticare è praticare

A volte amo precisare che non fare yoga è la stessa cosa che praticarlo, anche se spero di non essere frainteso e di non dare ai miei interlocutori l'impressione sbagliata. Ciò che voglio dire è che ogni volta che si riprende lo yoga si nota l'effetto provocato dalla momentanea interruzione. Così, in un certo senso s'impara di più riprendendo la pratica che limitandosi a seguirla regolarmente.

Naturalmente questo vale solo se notate particolari come una maggiore distensione del corpo, la difficoltà di mantenere una posizione, l'impazienza e come si può vincerla seguendo la respirazione. È davvero difficile *non* notare questi particolari quando ci si trova sul pavimento e si cerca di far assumere al proprio corpo posizioni insolite e impegnative. È molto più arduo accorgersene quando si parla della vita e non dello yoga. Ma vale il medesimo principio. Lo yoga e la vita sono modi diversi per dire la stessa cosa. Dimenticare o trascurare la consapevolezza può essere maggiormente istruttivo che mantenersi continuamente consapevoli. Fortunatamente gran parte di noi non deve preoccuparsene, dato che le nostre tendenze all'inconsapevolezza sono assai forti. Quando si torna alla consapevolezza si vede veramente.

PROVA: notate la differenza fra come vi sentite e come governate lo stress nei periodi in cui seguite la disciplina della meditazione quotidiana e in quelli in cui la sospendete. Cercate di stabilire le conseguenze dei vostri comportamenti più irriflessivi e automatici, particolarmente quando sono indotti da pressioni di natura professionale e domestica. Quale rapporto avete col vostro corpo quando fate pratica e quando la interrompete? Cosa avviene rispetto al vostro impegno a non agire? In che modo la mancanza di una pratica regolare incide sulle vostre preoccupazioni in merito ai tempi e al raggiungimento di determinati obiettivi? Quale influenza ha sui vostri rapporti personali? Da dove provengono alcuni fra i vostri schemi comportamentali meno consapevoli? Cosa li stimola? Siete pronti a tenerli sotto controllo quando vi assalgono, indipendentemente dall'intensità della vostra pratica in quel periodo? Riuscite a capire che non praticare è una pratica ardua?

La meditazione con gentilezza amorevole

Nessun uomo è un'isola, completa in sé;
Ogni uomo è un pezzo del continente, una parte di esso;
Se una zolla fosse carpita dal mare,
L'Europa ne perderebbe, come fosse stata un promontorio,
Oppure un castello di amici tuoi o tuo proprio;
La morte di qualsiasi uomo mi diminuisce, perché
Faccio parte dell'umanità;
Quindi non chiedere per chi suona la campana:
Suona per te.

JOHN DONNE, *Meditation XVII*

Siamo tutti casse di risonanza dei dolori altrui perché siamo interconnessi. Essendo completi e contemporaneamente componenti di un insieme più vasto, possiamo cambiare il mondo cambiando semplicemente noi stessi. Se mi trasformo in un centro di amore e gentilezza in questo momento, forse, anche se in misura limitata ma non del tutto insignificante, ora il mondo può disporre di questo nucleo di cui era privo qualche istante prima. Questo arreca beneficio a me e agli altri.

Forse avete notato di non essere sempre un centro d'amore e gentilezza, persino nei vostri riguardi. Effettivamente, si può dire che la nostra società soffra di un'epidemia di scarsa autoconsiderazione. Nel 1990, durante i colloqui col Dalai Lama a un convegno tenutosi a Dharamsala, questi ebbe difficoltà a capire quando ne parlò uno psicologo occidentale; si dovette ripetutamente tradurre la frase in tibetano, benché abbia un'ottima conoscenza dell'inglese. Non riusciva proprio ad afferrare il concetto e quando infine lo capì, fu veramente rattristato apprendendo che in America molte persone nutrono profondi sentimenti di autodenigrazione e inadeguatezza.

Questo sarebbe praticamente inaudito fra i tibetani. Essi soffrono per i gravi problemi sociali che affliggono tutti i paesi del terzo mondo, ma la scarsa autoconsiderazione non è uno di questi. Chissà cosa accadrà alle future generazioni quando entreranno in contatto con il mondo che paradossalmente definiamo «evoluto». Forse siamo ipersviluppati esteriormente e sottosviluppati interiormente. Forse, malgrado la nostra ricchezza, siamo noi a vivere in povertà.

Voi potete prendere iniziative per modificare questa povertà grazie alla pratica della meditazione con gentilezza amorevole. Come al solito occorre cominciare da voi stessi. Siete in grado di evocare sensazioni di gentilezza, accettazione e sollecitudine nel vostro cuore? Dovreste farlo ripetutamente, allo stesso modo in cui riportate la mente sulla respirazione con costanza nella meditazione assisa. La mente non si presterà con facilità perché le vostre ferite sono profonde. Ma potreste tentare, per esperimento, a dedicarvi all'attenzione e all'accettazione per un certo periodo della vostra pratica, come farebbe una madre con il suo bambino dolorante o spaventato, rivolgendogli amore incondizionato e dedicandogli la propria totale disponibilità. Potete coltivare la comprensione verso voi stessi, se non per altri? Riuscite a sentirvi felici in questi momenti? Siete soddisfatti di sentirvi bene? In questi istanti è presente la base della felicità?

La pratica della gentilezza amorevole si svolge nel modo seguente, ma vi prego di non confondere le parole con la pratica. Come al solito esse sono semplicemente cartelli indicatori.

> Iniziate a concentrarvi sulla posizione e sulla respirazione. Poi, dal cuore o dalle viscere evocate immagini o sentimenti di tenerezza e amore che si irradiano fino a colmare tutto il vostro essere. Lasciatevi cullare dalla sensazione di meritare gentilezza amorevole come qualsiasi bambino. Fate in modo che la vostra consapevolezza incorpori una benevola energia materna e paterna, fornendovi in questo momento riconoscimento e apprezzamento del vostro essere e una tenerezza di cui forse non avete goduto da bambini. Crogiolatevi in questa energia amorevole, espirandola e inspirandola come una necessità vitale trascurata, ma che infine vi dia il nutrimento a cui aspiravate.

Stimolate in voi stessi sensazioni di pace e accettazione. Alcuni trovano utile rivolgersi a intervalli frasi come: « Mi devo liberare dall'ignoranza, dalla grettezza e dall'odio. Non voglio soffrire, voglio essere felice ». Parole pronunciate solo per far emergere sentimenti di gentilezza amorevole. Rappresentano un augurio – intenzioni espresse consapevolmente per essere liberi ora, almeno in questo momento, dai problemi che tanto spesso ci creiamo e accumuliamo attraverso le nostre paure e disattenzioni.

Dopo esservi trasformati in un centro di amore e gentilezza che si irradiano in tutto il vostro essere, il che significa immergersi in gentilezza amorevole e accettazione, potete rimanervi indefinitamente, bevendo a quella fonte, bagnandovi in essa, rinnovandovi, nutrendovi, vivificandovi. Questa può essere una pratica profondamente salubre, per il corpo e per l'anima.

Potete anche sviluppare ulteriormente questa pratica. Dopo aver stabilito un centro radiante dentro di voi, estrinsecate tutta la gentilezza amorevole nella direzione preferita; innanzitutto verso i componenti della vostra famiglia; se avete figli, manteneteli nell'occhio della mente e nel cuore, visualizzandone la personalità essenziale, augurando loro di non soffrire, di trovare la loro strada nel mondo, amore e accettazione nella vita. E, continuando così, includere un partner, la moglie, fratelli e sorelle, genitori...

Potete dirigere gentilezza amorevole verso i genitori, siano essi vivi o morti, facendo voti perché stiano bene, non si sentano isolati e non soffrano, onorandoli. Se ve ne sentite capaci e vi arreca sollievo liberatorio, trovate un posto nel vostro cuore per perdonare i loro limiti, le paure, le cattive azioni e sofferenze che possono avervi causato e ricordate le parole di Yeats: « Ma cosa avrebbe potuto fare lei, essendo quella che è? »

E non è necessario fermarsi qui. Potete rivolgere gentilezza amorevole a chiunque, a persone che conoscete e a sconosciuti. Potrebbe far bene anche a loro, ma certamente a voi, perché così affinerete e amplierete la vostra capacità emotiva. Questa evoluzione matura mentre manifestate volutamente gentilezza amorevole a persone con le quali vi trovate in difficoltà, che non vi piacciono o vi ripugnano, a coloro che vi minacciano o vi hanno offesi. Potete anche praticare questo atteggiamento verso interi gruppi di persone – verso chi è oppresso e soffre o è coinvolto in guerre, violenze e odio, ammettendo che non sono diversi da voi – che anche loro hanno persone che amano, speranze e aspirazioni, oltre ad avere necessità di una casa, di cibo e di pace. Estendetelo a tutto il pianeta, alle sue glorie e sofferenze silenziose, all'ambiente, ai torrenti, ai fiumi, all'aria, agli oceani, alle foreste, alle piante e agli animali, collettivamente e singolarmente.

In realtà non esistono limiti alla pratica della gentilezza amorevole sia nella meditazione sia nella vita quotidiana. È un costante riconoscimento d'interrelazione in espansione continua. È pure la sua personificazione. Se riuscite per un momento ad amare un albero, un fiore, un cane, un luogo, una persona o voi stessi, troverete tutta la gente, tutti i luoghi, tutte le sofferenze, tutta l'armonia in quell'unico istante. Praticare in questo modo non significa tentare di cambiare alcunché o di arrivare a un qualsiasi risultato, benché superficialmente possa sembrare così. Si tratta invece di scoprire ciò che è sempre presente. Amore e gentilezza sono sempre qui, da qualche parte, anzi dovunque. Solitamente la nostra capacità di avvicinarle o esserne avvicinati è sepolta sotto le nostre paure e ferite, sotto la grettezza, l'odio e il nostro disperato attaccamento all'illusione di essere veramente separati e soli.

Evocando tali sentimenti nella nostra pratica urtiamo contro gli spigoli della nostra ignoranza, come nello yoga ci si scontra con la resistenza di muscoli, legamenti e tendini e con quella, presente in tutte le altre forme di meditazione, rappresentata dai limiti della nostra mente e del nostro cuore. Con questo sforzo, per quanto doloroso possa essere talvolta, ci espandiamo, cresciamo, cambiamo noi stessi e il mondo intero.

*

La mia religione è la gentilezza.

Il Dalai Lama

prova: prendete contatto con sentimenti di gentilezza amorevole nel vostro intimo a un certo punto della vostra pratica meditativa. Cercate di accantonare qualsiasi obiezione a questa pratica o le ragioni per cui non siete amato e accettato. Considerate tutto questo semplicemente come pensiero. Immergetevi nel calore dell'accettazione e della gentilezza amorevole al pari di un bambino tenuto in braccio dalla madre o dal padre. Successivamente fate in modo di riverberarla prima verso altri e poi verso il mondo intero. È una pratica illimitata, ma come le altre si approfondisce e cresce grazie alla sollecitudine costante, come una pianta in un giardino tenuto con tenera cura. Ma fate attenzione a non *tentare* di aiutare il vostro prossimo o il pianeta intero. Diciamo piuttosto che gli dedicate attenzione, lo apprezzate, augurandogli ogni bene, aprendovi alla sofferenza con gentilezza, compassione e accettazione. Se nel corso di questo processo troverete che questa pratica vi spinge a comportarvi diversamente nel mondo, fate in modo che le vostre azioni siano improntate a gentilezza amorevole e consapevolezza.

Parte Terza
Nello spirito della consapevolezza

Tutti noi siamo stati istruiti dallo stesso maestro a cui si sono ispirate originariamente le istituzioni religiose: la realtà.
La conoscenza realistica dice... gestisci le ventiquattr'ore. Fallo bene, senza autocommiserarti. È altrettanto difficile tener raccolti i bambini nel parcheggio e poi condurli fino all'autobus della scuola che cantare i *sutra* nel tempio buddista in una fredda mattina.
Una mossa non è migliore di un'altra, ciascuna può essere assai noiosa ed entrambe hanno la virtuosa qualità della ripetizione.
Ripetizione, rituale e i loro buoni risultati si presentano sotto molte forme. Cambiare il filtro, soffiarsi il naso, recarsi alle riunioni, rassettare la casa, lavare i piatti, controllare il livello dell'olio – non crediate che vi distolgano da iniziative più valide.
Questo insieme di mansioni non rappresenta difficoltà dalle quali speriamo di sfuggire per poter svolgere la « pratica » che ci avvierà su un « cammino »: *è* appunto il nostro cammino.

Gary Snyder, *The Practice of the Wild*

Sedere presso il fuoco

Nei tempi antichi, quando il sole tramontava, l'unica fonte di luce per gli uomini, a parte il mutevole chiaro di luna e le stelle del firmamento, era il fuoco. Per milioni di anni gli esseri umani si sono raccolti attorno ai fuochi, guardando le fiamme e le braci, col freddo e l'oscurità alle spalle. Forse fu là che ebbe inizio la meditazione formale.

Il fuoco era un sollievo per noi, ci forniva calore, luce e protezione – pericoloso, ma controllabile con le opportune cure. Sedervi accanto procurava riposo al termine della giornata. Alla sua calda luce oscillante raccontavamo storie, parlavamo delle ore appena trascorse oppure sedevamo silenziosi vedendo il riflesso delle nostre menti nelle fiamme in continuo movimento e luminosi paesaggi di un mondo magico. Il fuoco rendeva sopportabile l'oscurità e contribuiva a farci sentire protetti e sicuri. Era tranquillizzante, affidabile, riposante, induceva alla meditazione ed era assolutamente indispensabile ai fini della sopravvivenza.

Questa necessità è scomparsa dalla nostra quotidianità e con essa quasi tutte le occasioni di stare tranquilli. Nel mondo frenetico attuale i fuochi non sono pratici e rappresentano un lusso occasionale per indurre una certa atmosfera. Quando all'esterno la luce si attenua, dobbiamo solo premere un interruttore illuminando l'ambiente a nostro piacimento, continuando le nostre occupazioni, impiegando le ore di veglia in piena attività. Oggi la vita offre scarse occasioni per l'essere, salvo crearle di proposito. Non esiste più un'ora fissa in cui interrompere il lavoro perché la luce non è più sufficiente.... si è dissolto l'originario orologio interno che ogni sera segnalava l'ora di cambiare marcia, di sospendere le attività della giornata. Oggi la mente ha rarissime occasioni di placarsi accanto al fuoco.

Invece guardiamo la televisione, pallido surrogato elettronico dell'energia ignea; ci sottoponiamo a un costante bombardamento di suoni e immagini provenienti da menti altrui, che ci imbottiscono la mente di informazioni e messaggi inutili, avventure, eccitazioni e desideri di altri. Durante il giorno la televisione ci lascia ancor meno occasioni per assaporare la tranquillità. Assorbe tempo, spazio e silenzio, come un sonnifero che ci culla in una ottusa passività. « Bubble-gum per gli occhi », come l'ha definita Steve Allen. I giornali fanno altrettanto; non sono dannosi di per sé, ma noi spesso li usiamo per privarci di molti momenti preziosi che potremmo vivere con maggior pienezza.

In definitiva, non dobbiamo soccombere ai richiami condizionanti degli intrattenimenti esterni e della distrazione a tutti i costi; possiamo invece sviluppare altre abitudini che ci riportano alle essenziali aspirazioni interiori, al calore, alla tranquillità e alla pace con noi stessi. Per esempio, quando si rimane seduti seguendo la respirazione è come stare accanto al fuoco; guardare profondamente nel respiro ha almeno lo stesso valore che fissare le braci luminescenti e le fiamme che rispecchiano la mutevolezza della mente. Questo genera anche un certo calore. E se veramente non cerchiamo di fissarci obiettivi vivendo il momento così com'è, possiamo facilmente trovarci nello stato di tranquillità primordiale – dietro e all'interno del gioco dei pensieri e delle sensazioni – che in epoche più semplici gli uomini provavano sedendo presso un fuoco.

L'armonia

Mentre entro nel parcheggio dell'ospedale varie centinaia di anatre mi sorvolano ad alta quota e non riesco a udire i loro richiami. Ciò che mi colpisce immediatamente è che sanno chiaramente dove dirigersi: puntano verso nord-ovest e sono talmente numerose che la coda della formazione è ancora sgranata a est, dove il primo sole novembrino sta spuntando all'orizzonte. Mentre le prime mi superano sono preso dall'emozione per la nobiltà e la bellezza di quel sodalizio intenzionale, tanto da afferrare carta e penna senza nemmeno scendere dalla macchina per riprodurre lo schema di volo nei limiti in cui me lo consentono la mano e l'occhio inesperti. Bastano rapidi schizzi... fra poco scompariranno.

Centinaia sono in formazione a V, ma molte altre hanno disposizioni più complesse. Tutto è in movimento, le file salgono e scendono con grazia e armonia, come un panno mosso dall'aria. Ciascuna in un certo modo sa dove si trova, ha un posto, la sua appartenenza a questo schema complesso è costantemente variabile.

Mi sento stranamente gratificato dal loro passaggio, questo momento è un dono. Mi è stato concesso di vedere e partecipare a qualcosa che riconosco come importante, di cui non ho la fortuna di godere spesso. Parte di questo è la loro naturalezza, parte è l'armonia, l'ordine e la bellezza che personificano.

La mia consueta esperienza del flusso del tempo si interrompe mentre osservo il loro passaggio. Secondo la definizione scientifica, il loro schema è « caotico », come quello di formazioni nuvolose che riproducano alberi. Vi è ordine e al suo interno un disordine a sua volta ordinato. Per me, ora, è semplicemente un dono meraviglioso e stupefacente. Oggi, mentre mi reco al lavoro, la natura mi mostra come le cose effettivamente funzionano in un ambito ristretto, ricordandomi quanto poco noi umani sappiamo e in che misura insufficiente apprezziamo o persino notiamo l'armonia.

Analogamente, leggendo il giornale alla sera, osservo che le conseguenze della deforestazione nelle Filippine meridionali si sono rivelate solo nel 1991, quando si è scatenato il tifone e il terreno sguarnito, ormai incapace di trattenere l'acqua, l'ha lasciata scorrere verso la pianura annegando migliaia di poveri abitanti della regione. Come leggiamo su un ben noto autoadesivo: «Le vaccate succedono». Ma troppo spesso siamo restii a identificare la nostra responsabilità. Si corrono rischi precisi quando si trascura l'armonia naturale.

L'armonia della natura è attorno e dentro di noi in ogni momento. Percepirla è un'occasione di grande felicità, ma spesso la si apprezza in retrospettiva o in sua assenza. Se il corpo non presenta disturbi non vi si presta attenzione; non avere mal di testa non fa notizia nella corteccia cerebrale; funzioni come camminare, vedere, pensare e orinare si autoregolano e pertanto sfumano nel paesaggio dell'automaticità e inconsapevolezza. Solo il dolore, la paura o la perdita hanno il potere di risvegliarci e rimettere le cose a fuoco. Ma allora è più difficile vedere l'armonia e ci si trova coinvolti in acque turbolente come rapide e cascate, in situazioni di livello molto complesso e sottile all'interno del fiume della vita. Come canta Joni Mitchell: «Non sai cosa avevi finché non l'hai perso...»

Mentre scendo dalla macchina mi inchino interiormente a quelle viaggiatrici per aver infuso nello spazio aereo di questo ospedale, civilizzato per forza di cose, una rinfrescante dose di selvatichezza.

PROVA: sollevate il velo dell'inconsapevolezza per percepire armonia in questo momento. Riuscite a vederla nelle nubi, nel cielo, nella gente, nel clima, nel cibo, nel vostro corpo, in questo respiro? Guardate e guardate ancora, proprio qui, proprio ora!

Il primo mattino

Sebbene non dovesse recarsi al lavoro, accompagnare i bambini a scuola dopo colazione, né avesse altre ragioni per alzarsi presto, Thoreau aveva preso l'abitudine, durante il periodo trascorso a Walden, di svegliarsi di buon'ora e fare il bagno nello stagno all'alba. Lo faceva per motivi interiori, quale disciplina spirituale in sé: « Era un esercizio religioso, una fra le cose migliori che abbia mai fatto ».

Anche Benjamin Franklin ha magnificato le virtù di salute, saggezza e ricchezza acquisibili grazie al risveglio anticipato nel suo noto adagio sull'argomento. Ma non si limitava a predicarlo, lo metteva anche in pratica.

I vantaggi dell'alzarsi presto nulla hanno a che vedere con lo stipare ulteriori ore di lavoro nella propria giornata. Proprio il contrario. Sono vantaggi che si ricavano dal tempo trascorso in serenità e solitudine, dalla possibilità di estendere ulteriormente la consapevolezza, contemplare, trovare il tempo di essere, non fare volutamente nulla. La pace, l'oscurità, l'alba, la tranquillità – tutto contribuisce a fare del primo mattino un'occasione particolare per la pratica della consapevolezza.

Alzarsi presto ha anche il valore aggiuntivo di procurare un reale vantaggio di partenza all'inizio della giornata. Se si riesce a cominciarla con la solida base della consapevolezza e della serenità interiori, quando verrà il momento di muoversi e agire sarà più probabile che tutto fluisca naturalmente dall'interno. Si avranno maggiori possibilità di comportarsi con forte consapevolezza, calma interiore e mente equilibrata di quanto non capiti saltando fuori dal letto spinti da esigenze e responsabilità, per quanto pressanti e importanti.

Alzarsi presto al mattino può avere l'effetto d'infondere grande forza nella vita di una persona, indipendentemente dalla pratica della consapevolezza. Solo assistere al sorgere del sole ogni giorno è di per sé un segnale di risveglio.

Io trovo che le ore mattutine siano meravigliosamente indicate per la meditazione formale. Nessun altro si è alzato. La corsa affannosa della giornata non è ancora iniziata. Io lascio il letto e di solito dedico un'ora al mio essere, senza far nulla. Dopo ventotto anni questa abitudine non ha ancora perso il suo fascino. Talvolta ho difficoltà a svegliarmi e la mente o il corpo fanno resistenza; ma è fondamentale meditare comunque, anche se non me la sento.

Una fra le principali virtù della disciplina quotidiana è l'acquisizione di una certa permeabilità ai richiami di stati d'animo transitori. L'impegno ad alzarsi presto per meditare diventa indipendente dal volerlo assolvere un determinato mattino. La pratica ci richiama a uno standard più elevato – ricordare l'importanza dell'essere vigili e la facilità con cui si può scivolare entro uno schema di vita automatica priva di attenzione e sensibilità. Il solo alzarsi presto per praticare l'inattività è un processo temprante, che genera sufficiente calore per ridisporre i nostri atomi, fornisce una struttura cristallina nuova e irrobustita a mente e corpo, una struttura che mantiene onesti e rammenta che nella vita c'è qualcosa di più valido che le realizzazioni materiali.

La disciplina apporta costanza indipendentemente dal risultato del giorno precedente e di quello che si sta per intraprendere. Io mi applico in modo particolare a ricavarmi uno spazio per la pratica formale, anche per pochi minuti, nei giorni che si prospettano densi di avvenimenti, felici o sgradevoli, quando ci sarà molto da fare e i sentimenti si esprimeranno con la massima intensità. In questo modo è meno probabile che mi sfugga il significato intimo di tali momenti e potrei anzi superarli con maggior agio.

Praticando la consapevolezza di primo mattino si riporta alla mente che il cambiamento costante è nell'ordine delle cose; buone o cattive che siano, vanno e vengono, e assumendo un atteggiamento di costanza, saggezza e pace interiore sarà possibile affrontare *qualsiasi* situazione dovesse presentarsi. La scelta quotidiana di alzarsi di buon'ora per praticare ha questo significato. Talvolta la definisco la mia « routine », ma in realtà si tratta di ben altro. La consapevolezza è proprio l'opposto della routine.

Se siete restii ad alzarvi un'ora prima del solito, potete sempre provare ad anticipare di mezz'ora o quindici minuti oppure cinque: è lo spirito che conta. Anche cinque soli minuti di pratica della consapevolezza al mattino possono essere molto validi; cinque minuti possono rivelare quanto si è attaccati al sonno e quanta disciplina e determinazione sono necessarie per ricavare anche un minimo spazio per se stessi, per rimanere svegli senza fare nulla. Dopo tutto, la mente pensante trova sempre la scusa quasi credibile che, dal momento che non si fa nulla, non esiste nessuna urgenza e forse nemmeno un motivo reale per agire così, quindi perché non concedersi qualche altro minuto di sonno e iniziare domani?

Per avere il sopravvento su tale prevedibile opposizione da parte di altri angoli della mente, occorre decidere di alzarsi presto la sera prima, senza tener conto di questi pensieri. È questo il sapore dell'autentica intenzionalità e disciplina interiore. Lo si fa semplicemente per assolvere all'impegno assunto, all'ora prefissata, piaccia o meno alla mente. Dopo un certo periodo la disciplina diverrà parte di voi. È semplicemente una nuova scelta di vita. Non si tratta di un dovere, non comporta una costrizione. È solo uno spostamento dei vostri valori e azioni.

Se non siete ancora pronti (o anche se lo siete) potete sempre utilizzare l'attimo stesso del risveglio quale momento di consapevolezza, il primo del nuovo giorno. Ancor prima di muovervi cercate di prendere coscienza del fatto che la respirazione funziona. Percepite il vostro corpo sdraiato nel letto e rilassatevi. Chiedetevi: « Sono sveglio ora? Comprendo che mi viene concesso il dono di una nuova giornata? Sono pronto? Cosa accadrà oggi? In questo momento non lo so veramente. Anche se penso a cosa devo fare so accettare di non saperlo? Posso vedere l'oggi come un'avventura? Lo vedo già ricco di possibilità? »

*

> Per me è mattina quando mi sveglio, e allora l'alba è in me... Dobbiamo imparare a risvegliarci e a mantenerci desti, non con aiuti meccanici ma con un'infinita speranza nell'alba, che non ci abbandona neppure nel sonno più profondo.

> Non conosco nulla di più incoraggiante dell'incontestabile capacità dell'uomo di elevare la sua vita con uno sforzo cosciente. È bello saper dipingere un certo quadro o scolpire una statua e così rendere belli alcuni oggetti; ma è molto più degno di gloria scolpire e dipingere l'atmosfera stessa e il mezzo col quale guardiamo... L'arte più degna è influire sulla qualità del giorno.
>
> THOREAU, *Walden*

PROVA: prendete l'impegno di svegliarvi più presto del solito. Già questo può cambiare la vostra vita. Fate in modo che quel tempo, quale che sia la durata, sia dedicato all'essere, a un'attenzione voluta. Non dovete trascorrerlo altrimenti che in piena coscienza. Inutile elencare mentalmente gli impegni della giornata e vivere «in anticipo». Questo è un momento atemporale di serenità, di presenza, da vivere per voi stessi.

Inoltre, al momento del risveglio, prima di scendere dal letto, sintonizzatevi col vostro respiro, percepite le varie sensazioni nel vostro corpo, notate i pensieri e sentimenti presenti, cercate di immettere consapevolezza in questo momento. Riuscite a sentire il vostro respiro e il nascere di queste sensazioni mentre respirate? Assaporate il respiro che entra liberamente nel vostro corpo in questo momento? Chiedetevi: «Sono sveglio?»

Il contatto diretto

Tutti ci formiamo idee e immagini della realtà frequentemente raccolte da altre persone, da studi seguiti, da libri letti, dalla televisione, la radio, i giornali, dalla cultura in generale, che compongono un certo quadro della situazione e di ciò che accade. Ma in questo modo vediamo i pensieri nostri o di altri, anziché ciò che ci sta innanzi o che è dentro di noi. Spesso non ci preoccupiamo nemmeno di notare o controllare le nostre opinioni, convinti di sapere di aver capito. In questo modo rimaniamo chiusi alle sorprese e alla vitalità di nuovi incontri. Se non prestiamo attenzione, corriamo persino il rischio di escludere la possibilità di un contatto diretto e di vivere una nostra realtà virtuale senza nemmeno provare il senso di perdita, di distacco dell'inutile distanza che poniamo tra noi e l'esperienza. Immemori di questo siamo sempre più impoveriti, spiritualmente ed emotivamente. Ma quando entriamo in contatto diretto con il mondo può verificarsi qualcosa di meraviglioso e unico.

Il noto fisico Viki Weisskopf, mio amico e mentore, ricorda questo episodio incredibile in materia di contatto diretto:

> Vari anni fa ricevetti l'invito a tenere una serie di conferenze all'università dell'Arizona a Tucson. Accettai con gioia, perché mi si offriva la possibilità di visitare l'osservatorio di Kitts Peak, dove c'era un telescopio molto potente con cui avevo sempre desiderato di osservare il cielo. Chiesi il permesso di visitare una sera l'osservatorio per poter guardare qualche oggetto interessante al telescopio. Mi fu detto che era impossibile perché il telescopio era sempre impegnato per eseguire fotografie e per altre attività di ricerca. Non c'era tempo per osservare semplicemente degli oggetti. In tal caso, risposi, non avrei potuto tenere le mie conferenze. Dopo pochi giorni

fui informato che tutto era stato predisposto secondo i miei desideri. Ci recammo in auto all'osservatorio sulla montagna in una splendida notte serena. Le stelle e la Via Lattea brillavano di una luce molto intensa e sembrava quasi di poterle toccare con un dito. Entrai nella cupola e dissi ai tecnici che con l'aiuto di un computer manovravano il telescopio che volevo vedere Saturno e varie galassie. Fu un gran piacere per me osservare con i miei occhi e con la massima nitidezza tutti i particolari che in precedenza avevo visto solo in fotografia. Mentre osservavo tutto ciò mi resi conto che erano arrivate molte persone, le quali approfittavano di quell'opportunità per utilizzare a loro volta il telescopio. Mi dissero che erano astronomi che lavoravano all'osservatorio, i quali non avevano mai avuto la possibilità di dare un'occhiata direttamente agli oggetti delle loro ricerche. Posso solo sperare che quell'occasione abbia fatto capire loro l'importanza di un tale contatto diretto.

VICTOR WEISSKOPF, *Le gioie della scoperta*

PROVA: pensate che la vostra vita è almeno altrettanto interessante e miracolosa che la luna o le stelle. Cosa si frappone fra voi e il contatto diretto con la vostra vita? Cosa potete fare per cambiare la situazione?

C'è qualcos'altro che vorreste dirmi?

Naturalmente il contatto diretto non è cosa da poco nel rapporto medico-paziente. Noi facciamo molto per aiutare gli studenti in medicina a comprendere la tipologia di questa situazione, a non ritrarsene terrorizzati perché coinvolge i loro sentimenti in quanto individui, e a capire la necessità di ascoltare con un atteggiamento disponibile, trattando i pazienti come persone e non unicamente quali casi clinici, dunque occasioni per elaborare diagnosi ed esercitare controllo. Tante sono le cose che ostacolano il contatto diretto; a molti medici manca il tirocinio formale in questa dimensione della medicina; rimangono inconsapevoli dell'importanza fondamentale di una comunicazione efficace e premurosa nella cosiddetta cura della salute, troppo spesso scambiata per la cura delle malattie; ma persino una buona terapia può dimostrarsi tristemente carente se il soggetto viene escluso dall'equazione.

Mia madre, esasperata per l'impossibilità di trovare un medico disposto a occuparsi seriamente dei suoi disturbi, mi riferì che durante una visita di controllo da lei richiesta perché non camminava ancora bene e soffriva molto, il chirurgo ortopedico che le aveva sostituito un'anca con un organo artificiale esaminò le radiografie osservando che l'intervento era riuscito benissimo («superbo» fu il termine che usò), senza fare il minimo tentativo di eseguire un controllo sulle condizioni reali dell'anca o della gamba o di prendere in considerazione le sue richieste finché lei non insistette ripetutamente. Non vi diede comunque molto peso, poiché le radiografie erano sufficienti per convincerlo che la paziente non soffrisse: e invece era proprio il contrario.

I medici possono inconsapevolmente nascondersi dietro la loro professionalità, gli strumenti, gli esami clinici e la terminologia tecnica. Possono essere restii a stabilire un contatto troppo diretto con il paziente in quanto persona, individuo con propri pensieri e timori, valori, preoccupazioni e interrogativi, espressi e inespressi; spesso dubitano della propria capacità di avventurarsi in un territorio talmente ignoto e potenzialmente terrificante. In parte può essere che non siano abituati a indagare nei loro pensieri, timori, valori, preoccupazioni e dubbi, cosicché quelli altrui possono dimostrarsi allarmanti. Oppure ritengono di non avere il tempo di aprirsi a una valanga di recriminazioni, non sentendosi pronti ad affrontarla adeguatamente. Ma ciò che il più delle volte vogliono i pazienti è che si ascolti, si sia presenti, si prenda sul serie la *persona*, non la malattia.

Pertanto, fra le altre cose, suggeriamo agli studenti di porre questa domanda al termine di una visita: « C'è qualcos'altro che vuole dirmi? » Li invogliamo a fare una pausa, anche lunga se necessario, concedendo al paziente un momento di tempo psicologicamente sufficiente per riflettere sulle proprie esigenze e forse sulle vere motivazioni della sua presenza in ambulatorio. Spesso non ne parla immediatamente, o non ne parla affatto, se il medico non è particolarmente comprensivo o ha fretta.

Un giorno, durante un seminario, alcuni esperti di un'altra istituzione stavano descrivendo il loro programma riguardante il colloquio col paziente, che prevedeva l'uso di videoregistratori per consentire agli studenti di controllare il proprio stile di comunicazione. A un certo punto ci mostrarono una serie di brevissime riprese di vari colloqui in cui lo studente poneva al paziente una sola domanda: « C'è qualcos'altro che deve dirmi? » Ricevemmo istruzioni di esaminare i videoclip e riferire le nostre impressioni prima di proiettarli.

Arrivato al terzo riuscivo con difficoltà a trattenermi dalle risate. Ero infatti sorpreso di vedere molti volti inespressivi, anche se qualcuno si riprendeva rapidamente; in tutti i videoclip avveniva la stessa cosa, ma era così palese che non si notava, proprio come tutte le cose che stanno proprio lì, sotto i nostri occhi.

In ogni registrazione, mentre ripetevano secondo le istruzioni ricevute la frase « C'è qualcos'altro che deve dirmi? » a chiusura del colloquio, gli studenti scuotevano visibilmente il capo trasmettendo questo messaggio: « Per carità, non mi dica altro! »

L'autorità personale

Quando iniziai a lavorare all'ospedale, ricevetti tre lunghi camici bianchi che portavano ricamata sul taschino la dicitura « *Dr. Kabat-Zinn/Dipartimento di Medicina* ». Sono rimasti appesi e inutilizzati alla mia porta per quindici anni.

Per me quei camici bianchi simboleggiano ciò che non mi serve affatto nel mio lavoro. Credo che siano adatti ai medici in quanto valorizzano la loro autorevolezza e l'effetto placebo sui clienti. Questa impressione s'intensifica se si vede uno stetoscopio pendere dal taschino con l'angolazione giusta. Talvolta, nel loro entusiasmo, i giovani medici tentano di sottolinearla portandolo con studiata casualità dietro la nuca o le spalle.

Ma quando si lavora in una clinica antistress, il camice bianco è un autentico impedimento. Io devo sottopormi a un lavoro straordinario per rispecchiare le proiezioni ricevute dai pazienti, secondo i quali sarei « Mister rilassamento », o « Dottor metticela tutta » oppure « Mister saggezza e compassione personificate ». Nella terapia antistress basata sulla consapevolezza – e in quanto a questo nella promozione della salute in senso lato – il punto è indurre e incoraggiare le persone ad acquisire una propria autorevolezza, maggiore autoresponsabilità per la loro vita, il loro corpo e la loro salute. Amo sottolineare che ciascuno è già un'autorità mondiale per quanto lo riguarda o almeno potrebbe esserlo se cominciasse a comportarsi consapevolmente. Gran parte delle informazioni necessarie per saperne di più su noi stessi e la nostra salute – informazioni di cui abbiamo un bisogno disperato per crescere, guarire e fare scelte di vita efficaci – si trova sulle punte delle nostre dita, sulla punta o piuttosto proprio sotto il nostro naso.

Per partecipare più completamente alla propria salute e al proprio benessere, ciascuno di noi deve semplicemente ascoltare più attentamente e fidarsi di quanto percepisce: i messaggi provenienti dalla vita stessa, dal nostro corpo, dalla mente e dai sensi. In medicina manca troppo spesso questo senso di partecipazione e fiducia; una componente che usiamo definire «mobilitazione delle risorse interiori del paziente» ai fini della guarigione o perlomeno per comprenderlo meglio, vedere più chiaramente, mostrare più autorevolezza, porre più domande, comportarsi con maggior abilità. Non si tratta di un surrogato dell'assistenza medica specializzata, ma di un complemento necessario se si spera di vivere una vita veramente sana – affrontando la malattia, la disabilità, i problemi di salute e un sistema sanitario sovente alienante, intimidatorio, insensibile e a volte strumentalizzato dai medici.

Sviluppare un simile atteggiamento significa gestire la propria vita e quindi assumere una certa misura di autorità personale. Questo comporta credere in se stessi, ma purtroppo, in fondo in fondo, molti di noi non lo fanno.

L'indagine consapevole può sanare la scarsa autoconsiderazione, per la semplice ragione che si tratta veramente di un calcolo errato, di un misconoscimento della realtà. Lo potrete vedere con molta chiarezza osservando il corpo o anche la respirazione durante la meditazione. Vi accorgerete rapidamente che persino il corpo è miracoloso e può fornire prestazioni sorprendenti istantaneamente senza sforzo apparente. I nostri problemi d'identità derivano in gran parte dal pensiero condizionato da esperienze precedenti. Vediamo solo gli aspetti negativi, esagerandoli sproporzionatamente. Nel contempo diamo per scontate le buone qualità o trascuriamo addirittura di prenderle in considerazione. Forse rimaniamo bloccati da ferite infantili spesso profonde e ancora aperte, dimenticando o senza mai scoprire che possediamo anche doti preziose. Le ferite sono importanti, ma lo sono pure la nostra bontà interiore, l'altruismo, la gentilezza, la saggezza del corpo, la capacità di pensare, di razionalizzare. E noi sappiamo come stanno le cose, molto più di quanto siamo disposti ad ammettere. Eppure, invece di fare un bilancio equilibrato, persistiamo frequentemente nell'abitudine di proiettare i meriti sugli altri e non su noi stessi. Io mi ribello quando qualcuno mi si rivolge in questo modo e cerco di ribattere col maggior buon senso possibile, sperando che capisca cosa sta facendo e che l'energia positiva diretta nei miei riguardi è in realtà sua. Gli appartiene, deve conservarla e usarla, riconoscendone la fonte. Perché dovrebbe sprecare una sua forza? Io ho già sufficienti problemi miei.

*

> Misurano la reciproca stima in base a quello che ognuno possiede e non in base a quello che ognuno è... Niente potrà recarti pace se non il trionfo dei principi.
>
> RALPH WALDO EMERSON, *Fiducia in se stesso* (da *Natura e altri saggi*)

Dovunque tu vada, ci sei già

Avete notato che non si riesce mai a sfuggire a nulla? E che presto o tardi le cose che volevate evitare, coprire o fingere di ignorare si ripresentano, particolarmente se correlate a vecchi schemi o timori? Il concetto romantico è che se qui non funziona basta solo andare altrove e tutto sarà diverso. Se il lavoro non rende, si cambia lavoro, se non si va d'accordo con la moglie se ne trova un'altra, se la città è invivibile ci si trasferisce altrove, se i figli creano problemi si cerca qualcuno che se ne prenda cura. Il pensiero latente è che i motivi dei vostri guai non risiedono in voi, bensì nella situazione, in altri, nelle circostanze. Cambiate casa, cambiate luogo e tutto andrà a posto; potrete iniziare daccapo, ripartire da zero.

Il lato negativo di questo modo di pensare è ignorare convenientemente di avere una testa e un cuore oltre a quel « karma », come lo definirebbe qualcuno, emanante da voi. Per quanto tentiate, non potete sfuggire voi stessi. D'altronde, quale motivo avreste, se non un'illusione, per ritenere che altrove le cose sarebbero diverse o migliori? Presto o tardi gli stessi problemi si ripresenterebbero, se in effetti sono una conseguenza dei vostri schemi di valutazione, pensiero e comportamento. Troppo spesso la nostra vita cessa di funzionare perché rinunciamo a occuparcene, e non siamo disposti ad assumerci responsabilità per lo stato di fatto e ad affrontare le difficoltà. Non comprendiamo che è davvero possibile ottenere chiarezza, cognizione e trasformazione nel bel mezzo di ciò che è ora e qui, per quanto problematico sia. Ma è più facile e meno preoccupante per il nostro amor proprio proiettare i nostri problemi su altri o sul contesto.

È assai più comodo trovare pecche, biasimare, credere che occorra un cambiamento esterno, una fuga dalle forze che ci trattengono impedendoci di crescere e di trovare la felicità. Potete persino rimproverare voi stessi per tutto e, quale ultima evasione dalle responsabilità, prendere la fuga convinti di aver commesso errori irreparabili o di esservi compromessi senza rimedio. In entrambi i casi vi convincete di non saper portare a termine un autentico cambiamento o la vostra crescita personale e che per risparmiare ulteriori sofferenze agli altri dovete togliervi di mezzo.

I danni di questo modo di considerare le situazioni sono visibili ovunque. Guardate praticamente dove volete e troverete rapporti interrotti, famiglie smembrate, individui distrutti, raminghi, sradicati, persi, che cambiano continuamente sede, lavoro, amicizie, idee di riscatto, sperando che tutte le forze che la persona, il libro, il lavoro, il posto giusti contribuiranno a migliorare le cose. Oppure si sentono isolati, privi di attrattive e disperati, avendo rinunciato a cercare o persino a intraprendere qualche tentativo, per quanto maldestro, di trovare la pace dello spirito.

La meditazione non rende di per sé immuni da questo schema della ricerca all'esterno di risposte e soluzioni ai problemi personali. Talvolta si passa cronicamente da una tecnica all'altra, da un maestro all'altro, da una tradizione all'altra alla ricerca di qualcosa, di un insegnamento, di un rapporto speciali, di quella momentanea «ispirazione» che aprirà la porta all'autocompassione e alla liberazione. Ma questo può trasformarsi in una grave delusione, in una ricerca senza fine di una via di fuga da ciò che è più vicino e forse più doloroso. Per paura e per il desiderio che qualcuno veramente speciale le aiuti a vedere chiaramente, a volte le persone si lasciano invischiare in rapporti malati di totale dipendenza da maestri di meditazione dimenticando che, per quanto valida possa essere la loro guida, alla fine il lavoro interiore va eseguito personalmente ed essere sempre coerente col tessuto della propria vita.

Alcune persone arrivano persino a strumentalizzare i ritiri meditativi guidati da un maestro per mantenersi a galla nella vita anziché come ampia occasione d'introspezione profonda. In un certo senso, nei ritiri tutto è facile. Ci si occupa delle necessità di vita essenziali, il mondo ha un senso. Tutto ciò che si deve fare è sedere o camminare, essere consapevoli, immergersi nel presente e in se stessi mentre altri provvedono per noi alle necessità quotidiane, ascoltare la grande saggezza di persone che hanno lavorato in profondità su se stesse raggiungendo considerevole comprensione e armonia nelle loro vite; così ci si sente trasformati, ispirati a propria volta a vivere più pienamente nel mondo con una migliore prospettiva dei propri problemi.

In gran parte tutto questo è vero. Buoni maestri e lunghi periodi di meditazione isolata in ritiro possono essere profondamente validi e salutari, *a condizione* di essere disposti a considerare qualsiasi cosa emerga durante il ritiro. Ma esiste anche il pericolo, da cui guardarsi, che i ritiri si trasformino in un allontanamento dalla vita comune e consueta e che in definitiva la «trasformazione» personale rimanga a livello epidermico. Forse potrà durare pochi giorni, settimane o mesi dopo il termine del ritiro, poi si ritorna al vecchio schema di mancanza di chiarezza nei rapporti, all'attesa di un successivo ritiro e di un nuovo grande maestro, di un pellegrinaggio in Asia o di una qualsiasi fantasia romantica in cui tutto sarà ancora più profondo e chiaro a vantaggio della nostra personalità.

Questo modo di pensare e di vedere è fin troppo diffuso: a lungo andare non si può riuscire a sfuggire a se stessi, ma solo trasformarsi. Non ha importanza se si usano le droghe o la meditazione, l'alcol o il Club Méditerranée, il divorzio o lasciare l'impiego. Non può esistere decisione che porti alla crescita fino a quando la situazione in atto non sarà affrontata completamente, aprendosi con consapevolezza, tanto da consentire alla difficoltà della stessa situazione di appianare le vostre personali difficoltà. In altri termini si deve essere disposti a lasciare che sia la vita a divenire maestra.

Secondo questa modalità di lavoro, dovete affrontare il «qui e ora». Quindi questa è la realtà... questo luogo, questo rapporto, questo dilemma, questo lavoro. La sfida della consapevolezza è lavorare precisamente con le circostanze in cui vi trovate – per quanto spiacevoli, scoraggianti, restrittive, interminabili e senza uscita possano sembrare – e assicurarvi di aver fatto tutto ciò che era in vostro potere per utilizzare energie e trasformarvi, prima di decidere di limitare le perdite e passare ad altro. È proprio qui che deve svolgersi il vero lavoro.

Così, se pensate che la vostra pratica meditativa sia noiosa o improduttiva, che non vi trovate nelle condizioni ottimali, e che se solo foste in una grotta nell'Himalaya o in un monastero asiatico, oppure su una spiaggia ai tropici o in ritiro in un ambiente naturale le cose migliorerebbero e la meditazione sarebbe più efficace... ripensateci. Arrivati nella vostra grotta, in quella spiaggia o ritiro, vi trovereste con la stessa mente, lo stesso corpo, la medesima respirazione che avete qui. Dopo aver trascorso una quindicina di minuti nella grotta, potreste sentirvi soli, desiderare più luce o il soffitto potrebbe gocciolare. Sulla spiaggia forse farebbe troppo caldo, nel ritiro potrebbero non piacervi i maestri, il cibo o la vostra stanza. C'è sempre qualcosa che non va. Allora, perché non lasciar perdere e ammettere che tanto varrebbe essere a casa, dovunque voi siate? Proprio in quel momento arrivereste all'essenza del vostro essere, lasciando libero ingresso alla consapevolezza che vi guarirà. Se comprenderete questo, allora e solo allora la grotta, il monastero, la spiaggia e il ritiro vi offriranno autentica ricchezza. Ma altrettanto faranno tutti gli altri momenti e luoghi.

*

> Il piede mi scivola su una stretta sporgenza; in quella frazione di secondo, mentre aghi di paura mi trapassano il cuore e le tempie, l'eternità interferisce con il presente. Il pensiero e l'azione non sono diversi, e pietre, aria, ghiaccio, sole, paura e l'Io sono uno. È esilarante estendere questa acuta consapevolezza nei momenti più usuali, nell'esperienza momento per momento del gipeto e del lupo, i quali, trovandosi al centro delle cose, non hanno bisogno dei segreti dell'esistere vero. Nel respiro che ora facciamo c'è il segreto che tutti i grandi maestri cercano di dirci, c'è quello che un lama definisce «la precisione e apertura e intelligenza del presente». Lo scopo della meditazione non è l'illuminazione; sta piuttosto nel dare attenzione anche ai momenti non straordinari, nell'appartenere al presente, a nulla se non il presente, nel portarsi questa coscienza dell'*adesso* in ciascun evento della quotidianità.
>
> PETER MATTHIESSEN, *Il leopardo delle nevi*

Salendo al piano superiore

Le occasioni per mettere in pratica la consapevolezza nella vita quotidiana abbondano. Salire al piano superiore è una di cui amo approfittare e quando sono a casa lo faccio centinaia di volte. Di solito mi occorre qualcosa o devo parlare con qualcuno di sopra, ma di norma devo rimanere al pianterreno, cosicché sono frequentemente diviso fra due luoghi. Salgo unicamente per tornare subito dabbasso quando ho trovato ciò che cercavo, dopo aver usato il bagno o cose di questo genere.

Scopro così che le necessità mi spingono a trovarmi altrove, a occuparmi di cose che vengono dopo o del prossimo posto dove dovrei essere. A volte, quando mi sorprendo a salire di corsa, di solito due gradini per volta, ho la presenza di spirito di fermarmi a metà della frenetica corsa e mi rendo conto di ansare un poco, che il cuore pulsa quanto la mente e che in quel momento tutto il mio essere è spinto da qualche motivo che a volte mi sfugge persino quando sono arrivato.

Quando riesco a captare consapevolmente questa ondata di energia e sono ancora ai piedi delle scale o all'inizio della salita mi trattengo, non salendo un solo gradino alla volta, ma proprio lentamente, magari un ciclo di respirazione per gradino, rammentandomi che non esiste un luogo dove andare o una cosa da prendere che non possa attendere un momento, se non altro per essere pienamente in quello presente.

Trovo che quando ricordo di seguire questo comportamento sono più cosciente durante il percorso e maggiormente concentrato in cima alle scale; devo poi ammettere che raramente la fretta è motivata da cause esterne, bensì da una sollecitazione interiore solitamente indotta da impazienza o da un'ansia sconsiderata talvolta così sottile da dover prestare molta attenzione per individuarla, altre volte talmente incalzante da essere quasi irresistibile. Ma anche allora posso rendermene conto e questa consapevolezza da sola mi aiuta in quei momenti a non abbandonarmi completamente al subbuglio della mente. E, come avrete immaginato, lo stesso vale quando si scende; ma in questo caso, a causa della forza di gravità, è ancora più difficoltoso rallentare il ritmo.

PROVA: utilizzate occasioni domestiche comuni e ripetitive quali inviti a praticare la consapevolezza. Andare ad aprire la porta, rispondere al telefono, cercare qualcuno in un'altra stanza per parlare, andare in bagno, togliere il bucato dalla lavatrice, aprire il frigorifero, possono essere tutte occasioni per prendersela comoda ed entrare maggiormente in contatto col momento presente. Notate l'impulso che vi spinge verso il telefono o la porta d'ingresso al primo squillo di campanello. Perché il vostro tempo di reazione deve essere veloce al punto da distogliervi dalla vita che vivevate un attimo prima? Questi attimi di transizione possono diventare più pacati? Non vi è possibile essere più presenti dove vi trovate, in ogni momento?

Cercate anche di essere presenti per azioni quotidiane come fare la doccia. Vi partecipate veramente? Sentite l'acqua scorrere sulla vostra pelle o siete altrove, immerso nei pensieri, perdendovi del tutto la circostanza? I pasti sono altre magnifiche occasioni per la pratica della consapevolezza. Gustate il cibo? Siete coscienti della velocità, della quantità, del quando, dove e cosa state mangiando? Potete trasformare la vostra giornata in un'occasione per essere presente o per riportarvi al presente, ogni momento?

Pulire i fornelli ascoltando Bobby McFerrin

Io posso astrarmi e contemporaneamente ritrovarmi mentre pulisco i fornelli in cucina. È un'occasione grandiosa, seppure rara, per praticare la consapevolezza. Non essendo una delle mie mansioni consuete, quando posso occuparmene la trovo stimolante. I gradi di pulizia a cui mirare sono vari e mi diverto a fare in modo che, quando avrò finito, la cucina a gas appaia come nuova.

> Utilizzo una spugnetta sufficientemente abrasiva per asportare le incrostazioni di cibo se sfrego con forza il detersivo, ma non tanto da danneggiare la vernice. Tolgo i bruciatori e le vaschette sottostanti, persino i regolatori della fiamma e metto tutto nel lavello, in attesa di pulirli per ultimi. Poi strofino ogni centimetro quadrato della superficie, alternando movimenti circolari e rettilinei a seconda della posizione e del tipo d'incrostazione. Mi compenetro nel movimento, percependolo in tutto il corpo, non penso più a ripulire la cucina per farla apparire bella, ma continuo a muovermi e a osservare come le cose cambiano lentamente sotto i miei occhi. Alla fine lavo accuratamente le superfici con una spugnetta umida. Talvolta a questa esperienza si aggiunge la musica, in altri momenti preferisco il silenzio. Un sabato mattina, quando si presentò l'occasione di pulire i fornelli, stavo ascoltando una cassetta di Bobby McFerrin. Così l'operazione divenne danza, incanto, suoni, ritmi e i movimenti del mio corpo si fondevano, i suoni accompagnavano i gesti, sensazioni diverse vibravano nelle braccia, la pressione delle dita sulla spugnetta cambiava, i residui di precedenti cotture mutavano lentamente forma e scomparivano, il tutto intensificandosi o meno con la consapevolezza del ritmo musicale. Una fantastica danza di presenza, una celebrazione del momento presente. E, alla fine, la cucina a gas pulita. La voce interiore che solitamen-

te reclama il merito per cose del genere (« Guarda come l'ho pulita bene ») esigendo approvazione (« È o non è un buon lavoro? ») cerca di farsi sentire, ma viene rapidamente assorbita da una comprensione più ampia dell'accaduto.

Parlando consapevolmente non posso esimermi dal dire che « io » ho pulito la cucina, mentre sarebbe più giusto ammettere che si è lucidata da sola con l'aiuto di Bobby McFerrin, della spugnetta, del detersivo, con apparizioni sporadiche di acqua calda e una sfilza di momenti presenti.

Qual è la mia funzione principale su questo pianeta?

« Qual è la mia funzione sul pianeta? » è una domanda che dovremmo porci continuamente. Altrimenti potremmo finire con lo svolgere la funzione di un altro senza nemmeno saperlo. E per di più l'altro potrebbe essere un prodotto della nostra immaginazione e nello stesso tempo suo prigioniero.

Quali creature pensanti, confezionate come tutte le forme di vita in unità organiche, ossia i corpi, e nel contempo totalmente e impersonalmente inserite nella trama dell'incessante svolgersi della vita, possediamo la capacità singolare di responsabilizzarci per questa entità materiale che rappresenta la nostra vita, almeno per il tempo che ci è concesso di rimanere sotto il sole. Ma abbiamo anche la strana capacità di permettere alla mente pensante d'intorbidare completamente il passaggio su questa terra. Corriamo il rischio di non avere la nozione della nostra unicità – almeno finché rimaniamo nell'ombra proiettata dalle abitudini e dai condizionamenti mentali.

A quanto si dice, Buckminster Fuller, scopritore/inventore della cupola geodetica, all'età di trentadue anni meditò il suicidio per alcune ore di una certa sera, sulla sponda del lago Michigan, dopo una serie di fallimenti economici; era convinto di aver trasformato la sua vita in un disastro tale che la miglior cosa per lui sarebbe stata scomparire dalla scena, semplificando le cose per sua moglie e la bambina in tenera età. Apparentemente, tutto ciò che aveva intrapreso si era mutato in cenere malgrado l'incredibile creatività e immaginazione che gli vennero riconosciute in seguito. Tuttavia, invece di porre fine alla sua vita, Fuller decise (forse perché profondamente convinto dell'intrinseca unità e dell'ordine dell'universo, di cui si riteneva parte integrante) di continuare a vivere da quel momento come se fosse morto la sera stessa.

Da morto non avrebbe più dovuto preoccuparsi di come le cose avrebbero funzionato per lui personalmente e sarebbe stato libero di vivere come rappresentante dell'universo. Quel che rimaneva della sua vita poteva essere considerato un dono e invece di vivere per se stesso si sarebbe dedicato a risolvere l'interrogativo: «C'è qualcosa su questo pianeta [che lui chiamava Astronave Terra] che mi risulta debba essere fatta e probabilmente non sarà così se non me ne occuperò io?» Decise che si sarebbe posto la domanda continuamente, facendo quello che capitava, seguendo il proprio fiuto. In quel modo, lavorando per l'umanità quali incaricati dell'intero universo, voi modificate e contribuite al vostro contesto grazie a ciò che siete, a come siete e cosa fate. Ma non sarà più una questione personale, bensì solo parte della totalità dell'universo che esprimerà se stessa.

Raramente mettiamo in discussione e poi contempliamo con determinazione ciò che il nostro cuore ci dice di fare e di essere. Io amo descrivere questi aspetti in forma interrogativa: «Qual è la mia funzione principale su questo pianeta?» oppure «A cosa tengo talmente tanto che pagherei per farla?» Se mi pongo questa domanda e riesco a rispondere soltanto «Non so», allora continuo a chiedere. Se iniziassimo a riflettere su questi interrogativi a vent'anni, una volta arrivati ai trentacinque, ai quaranta, cinquanta o sessant'anni constateremmo che l'indagine ci ha condotto dove non saremmo mai giunti seguendo semplicemente la convenzioni generali, le aspettative dei genitori o peggio le proprie convinzioni e attese egocentriche e superficiali.

Potete porvi questa domanda in qualsiasi momento, a qualsiasi età. Non esiste una stagione della vita in cui non abbia un profondo effetto sulla vostra visione delle cose e sulle scelte che fate. Non è detto che significhi un cambiamento totale della vostra vita, ma potrebbe modificare il vostro modo di considerarla. Quando l'universo diventa il vostro datore di lavoro, cominciano ad accadere cose interessanti, anche se sarà qualcun altro a ritirare la vostra paga. Ma dovrete essere pazienti, perché creare questo modo di vivere richiede tempo. Naturalmente il posto per cominciare è proprio qui. E perché non ora?

Non si può mai sapere che cosa uscirà da queste introspezioni. Fuller stesso amava dire che quanto sembra accadere al momento non rispecchia mai interamente ciò che succede davvero. Aggiungeva che per l'ape mellifera è importante il miele; ma l'ape è anche il veicolo naturale dell'impollinazione dei fiori. L'interrelazione è un principio fondamentale della natura. Nulla è isolato, ogni avvenimento è legato ad altri. Le cose si evolvono continuamente a livelli diversi e spetta a noi individuare meglio che possiamo ordito e trama di tutto e seguire i nostri fili attraverso l'arazzo della vita con sincerità e decisione.

Fuller credeva in un'architettura insita nella natura, in cui forma e funzione sarebbero inestricabilmente collegate. Credeva nella logica degli schemi naturali e nella loro influenza concreta nelle nostre vite a molteplici livelli. Prima della sua morte studi cristallografici ai raggi X avevano dimostrato che molti virus – gruppi di macromolecole submicroscopiche ai limiti estremi della vita stessa – sono strutturati conformemente ai medesimi principi geodetici da lui scoperti gingillandosi con i poliedri.

Non è vissuto abbastanza per vederlo, ma oltre a tutte le sue invenzioni e idee fondamentali si è aperto un campo interamente nuovo della chimica attorno al'imprevista scoperta di composti di carbonio a forma di pallone da calcio dotati di notevoli proprietà, presto noti come Buckminsterfullereni o *buckyballs*. Mentre continuava a seguire il suo cammino, le riflessioni portarono a scoperte e mondi che non aveva mai osato sognare. Voi potete fare altrettanto. Fuller non si è mai ritenuto una persona speciale in nessun senso, bensì un uomo comune che amava giocare con le idee e le forme. Il suo motto era: « Se lo capisco io è alla portata di chiunque altro ».

*

> Insisti su te stesso, non star mai a imitare. In ogni momento potrai mostrare il tuo proprio dono con la forza accumulata dalla dedizione di tutta una vita, mentre invece del talento che hai preso a prestito da un altro hai solo un'estemporanea e dimezzata padronanza... Fa' quello che ti è assegnato e non dovrai sperare né osare di più.
>
> RALPH WALDO EMERSON, *Fiducia in se stesso* (da *Natura e altri saggi*)

Mount Analogue

«Potrà farcela. Ma alla fine è la montagna a decidere chi la scalerà.»

CAPO SPEDIZIONE ALL'EVEREST, in risposta alla domanda se un vecchio scalatore avesse probabilità di raggiungere la vetta

Vi sono montagne esterne e montagne interiori e la loro stessa presenza ci attira, ci sfida a scalarle. Forse l'autentico insegnamento di una montagna è che la si porta tutta dentro di sé, sia quella esterna, sia quella interiore. A volte la si cerca ripetutamente senza trovarla, finché arriva il momento in cui si è sufficientemente motivati e preparati a trovare la via che dalla base porta alla cima. La scalata è una possente metafora della ricerca nella vita, del percorso spirituale, del cammino di crescita, trasformazione e comprensione. Le ardue difficoltà che s'incontrano durante l'impresa rappresentano proprio le sfide necessarie per stimolarci a superare i nostri limiti. In definitiva la vita stessa è la montagna, la maestra che ci offre occasioni perfette per svolgere il lavoro interiore finalizzato alla crescita di forza e saggezza. E se scegliamo di metterci in cammino dovremo imparare e crescere molto. I rischi saranno considerevoli, i sacrifici imponenti, l'esito sempre incerto. In effetti l'avventura è la scalata, non stare in vetta.

Innanzitutto ci si deve familiarizzare col terreno alla base; solo in seguito si affronteranno le pendenze e infine, forse, la cima. Ma non è possibile rimanervi; l'impresa non sarà completa senza la discesa, per prendere distanza e vedere ancora la montagna da lontano. Essere stati in vetta, però, ha fornito una nuova prospettiva e può cambiare il proprio modo di vedere per sempre.

In un meraviglioso romanzo incompiuto dal titolo *Mount Analo-*

gue, René Daumal ha redatto una mappa di questa avventura interiore. La parte che ricordo con maggior vivezza riguarda la regola invalsa di rifornire il bivacco che si lascia per coloro che verranno in seguito e di scendere la montagna in modo da poter trasmettere agli altri scalatori le conoscenze acquisite perché possano approfittare di quanto si è appreso durante l'ascensione.

In un certo senso è quello che facciamo tutti quando insegniamo. Mostriamo nel miglior modo possibile ciò che abbiamo appreso fino a quel momento. È come un rapporto sulle cose fatte, un compendio delle nostre esperienze, certamente non la verità assoluta. E così l'avventura continua. Siamo tutti assieme su Mount Analogue. Ed è necessario l'aiuto reciproco.

L'interrelazione

Sembra che sappiamo benissimo sin dall'infanzia che in un certo senso tutto è correlato, che questo accade come conseguenza di un'altra cosa e perché questo avvenga deve avvenire quello. È sufficiente ricordare i vecchi racconti popolari, come quello della volpe che beve gran parte del secchio di latte lasciato incustodito da una vecchia assentatasi per raccogliere legna per il fuoco. Costei, in un accesso di rabbia taglia la coda alla volpe, dicendole che la ricucirà quando le sarà reso il latte. La volpe chiede latte alla mucca e questa chiede in cambio un poco d'erba; la volpe va sul campo per avere dell'erba e il campo le dice: « Portami dell'acqua ». Così la volpe si rivolge al torrente, che vuole una brocca. Tutto questo continua finché un mugnaio impietosito dà alla volpe del grano da dare alla gallina che farà l'uovo da dare al mercante che darà la perlina alla ragazza che ha la brocca con cui raccogliere l'acqua... così la volpe recupera la sua coda e se ne va soddisfatta. Perché avvenga questo deve accadere quello. Nulla viene dal niente, tutto si rifà ad altro. Persino la gentilezza del mugnaio aveva un precedente.

Analizzando qualsiasi processo possiamo vedere che vale sempre lo stesso principio. Niente sole o acqua, niente vita. Senza le piante non esisterebbe la fotosintesi che produce ossigeno per la respirazione, quindi nessun genitore e nessun figlio. Senza i camion niente provviste per le città; senza fabbriche automobilistiche non vi sarebbero i camion, senza gli operai metallurgici non vi sarebbe acciaio per le fabbriche, senza le miniere niente acciaio e così via. Mancando le condizioni per la formazione dei pianeti non sarebbe esistito l'universo e nemmeno la Terra. Queste correlazioni non sono sempre semplici e lineari e solitamente le cose sono coinvolte in una rete complicata d'interrelazioni finemente equilibrate. Sicuramente la vita, la salute, la biosfera, sono tutti sistemi complessi di correlazione senza nessun punto di partenza o di arrivo assoluto.

Così si può comprendere la futilità e il pericolo di consentire che il nostro pensiero trasformi ogni cosa o circostanza in un'entità assolutamente separata, senza consapevolezza delle interrelazioni e del flusso. Tutto è collegato ad altro e, nel contempo, contiene tutto ed è contenuto da tutto. Per di più ogni cosa è in evoluzione. Le stelle nascono, passano per stadi successivi e muoiono; anche i pianeti hanno un ritmo di formazione ed estinzione. Automobili nuove prendono la strada dello sfasciacarrozze ancor prima di lasciare la fabbrica. Rendersi conto di questo potrebbe ampliare il nostro concetto della transitorietà e aiutarci ad attribuire minor significato a eventi, circostanze e rapporti in atto. Potremmo apprezzare maggiormente la vita, la gente, i cibi, le opinioni e i momenti sapendo, per averli analizzati più a fondo, che qualsiasi cosa che ci riguardi ci collega col mondo intero in ciascun istante; le cose, i nostri simili e persino luoghi e circostanze hanno un'esistenza provvisoria e questo rende più interessante ciò che è momento, anzi, di fatto, «ora» è tutto.

La consapevolezza della respirazione è un filo su cui s'infilano le perline dell'esperienza, di pensieri, emozioni, percezioni, impulsi, cognizioni e della coscienza stessa. La collana così creata è qualcosa di nuovo – non materiale in realtà, ma un nuovo modo di vedere, di essere, di sperimentare e, conseguentemente, di comportarsi nel mondo. Questo nuovo atteggiamento sembra collegare ciò che appariva isolato, ma effettivamente nulla sta a sé e la connessione è una necessità. È il nostro modo di vedere che crea e mantiene la separazione.

Cambiare punto di vista e modi di essere mantiene uniti i frammenti della vita per i quali si trovano nuove collocazioni; ogni momento è apprezzato nella sua interezza all'interno di un'entità più ampia. La pratica della consapevolezza è semplicemente la continua scoperta del filo dell'interconnessione. A un certo punto potremmo anche scoprire che non è del tutto corretto dire che siamo noi a creare il filo conduttore, ma piuttosto che prendiamo coscienza di un'interrelazione già esistente. Siamo saliti fino a un punto di osservazione da cui possiamo subito percepire la completezza e contenere il fluire dei momenti presenti con consapevolezza. I flussi della respirazione e dei momenti presenti si compenetrano, s'intrecciano e si collegano producendo qualcosa di più ampio.

*

> L'una si confonde con l'altra, gruppi si fondono in sistemi ecologici fino a quando ciò che noi consideriamo vita non incontra ed entra a far parte di ciò che consideriamo non-vita: cirripedi e roccia, roccia e terra, terra e albero, albero e pioggia e aria... Ed è una cosa strana che quel sentimento che chiamiamo religioso, quell'impulso mistico, reazione fra le più apprezzate, diffuse e desiderate della nostra specie, sia in realtà la comprensione e il tentativo di sostenere il legame dell'uomo al tutto, legame inestricabile a tutta la realtà, conosciuta e inconoscibile. È semplice esprimerlo a parole, se avvertito profondamente può creare un Gesù, un Sant'Agostino, un San Francesco, un Ruggero Bacone, un Charles Darwin e un Einstein. Ognuno di loro, con un ritmo e una voce propri, ha scoperto e riaffermato con stupore la cognizione che tutte le cose sono una e che una cosa è tutte – plancton, una tremolante fosforescenza sul mare e i pianeti in rivoluzione e l'universo in espansione sono tutti legati alla corda flessibile del tempo.
>
> John Steinbeck e Edward F. Ricketts
> *Diario di bordo dal Mare di Cortes*

Non nuocere – l'Ahimsa

Nel 1973 un amico fece ritorno dopo vari anni trascorsi in Nepal e in India e disse di sé: « Se non posso fare nulla di utile, vorrei almeno nuocere il meno possibile ».

Penso che se non si fa attenzione ci si può sorprendere a ricordare ogni sorta di informazioni, anche provenienti da luoghi estremamente remoti. Io sono stato contagiato dal concetto di *ahimsa* di punto in bianco, mentre mi trovavo nel soggiorno di casa mia, e non ho mai dimenticato quel momento. Ne avevo sentito parlare in precedenza; infatti è un atteggiamento centrale della pratica yoga e del giuramento di Ippocrate. Era il principio informatore della rivoluzione e della pratica meditativa personale di Gandhi. Ma sono rimasto comunque impressionato dalla sincerità con cui il mio amico si esprimeva, discordante con la persona che credevo di conoscere. Mi sembrò però un buon modo di comportarsi verso il mondo e noi stessi. Perché non vivere in modo da causare il minor numero possibile di danni e sofferenze? Se vivessimo in quel modo non esisterebbero i folli livelli di violenza che dominano oggi la nostra vita e il nostro pensiero; e saremmo anche più generosi verso noi stessi, sia sul cuscino della meditazione sia quando non meditiamo.

Al pari di qualsiasi altro concetto, non nuocere può essere un principio fantastico, ma è attuarlo che conta. Voi potete praticare la mitezza dell'*ahimsa* su voi stessi e nei vostri rapporti con gli altri in qualsiasi momento.

Vi accorgete a volte di essere troppo severi nei vostri riguardi e di sminuirvi? In quel momento ricordate l'*ahimsa*, prendetene atto e lasciate che funzioni.

Sparlate di qualcuno alle sue spalle? *Ahimsa.*

Oltrepassate i vostri limiti senza riguardo per il vostro corpo e benessere? *Ahimsa.*

Causate ad altri dolore o sofferenza? *Ahimsa*. È facile praticare l'*ahimsa* nei riguardi di qualcuno che non vi intimorisce. La prova è come vi comportate con una persona o in una situazione da cui vi sentite minacciati.

La propensione a nuocere o a fare il male proviene in definitiva dalla paura. Non nuocere richiede riconoscere i propri timori, comprenderli e padroneggiarli, ossia assumerne la responsabilità. Responsabilità significa non permettere che la paura condizioni la prospettiva delle cose. Solo la consapevolezza delle proprie predilezioni e avversioni e la disponibilità ad affrontare questi stati mentali, per quanto sia penoso, può liberarci da questo circolo vizioso di sofferenza. In assenza di un quotidiano impegno nella pratica gli ideali elevati tendono a rimanere fini a se stessi.

*

> *Ahimsa* è una qualità spirituale e quindi deve essere praticata da tutti nelle vicende della vita. Se non trova attuazione totale non ha alcun valore pratico.
>
> MAHATMA GANDHI

*

> Se non ti è possibile amare re Giorgio V o Sir Winston Churchill, comincia con tua moglie, tuo marito o i tuoi bambini. Cerca di anteporre il loro benessere al tuo in ogni minuto della giornata e fa' in modo che il tuo amore si diffonda circolarmente da qui. Finché farai del tuo meglio non potrai fallire.
>
> MAHATMA GANDHI

Il karma

Ho udito maestri Zen affermare che la pratica meditativa quotidiana può mutare un karma da negativo in positivo. Ho sempre attribuito questa dichiarazione a una curiosa promozione di carattere moralistico. Ho impiegato anni per capire. Immagino sia questo il mio karma.

Karma significa che questo accade come conseguenza di quello. B è collegato in un certo modo ad A, ogni effetto ha una causa antecedente e ogni causa un effetto che è a sua misura e conseguenza, almeno a livello non quantitativo. Complessivamente, quando parliamo del karma di una persona intendiamo la somma totale della sua direzione nella vita e del tenore delle cose che la riguardano derivate da condizioni, azioni, pensieri, sentimenti, impressione sensoriali, desideri precedenti. Spesso il karma è erroneamente confuso col concetto di predestinazione. Si tratta piuttosto di un'accumulazione di tendenze che può incanalarci in particolari schemi comportamentali che a loro volta producono ulteriori accumulazioni di tendenze di natura similare. È quindi facile farsi condizionare dal proprio karma e pensare che la causa risieda sempre altrove – in altre persone e situazioni al di fuori del nostro controllo, mai dentro di noi. Ma non è necessario essere prigionieri del vecchio karma, è sempre possibile cambiarlo e crearne uno nuovo. Vi è un solo momento in cui potete annullarlo. Indovinate quando?

Ecco come la consapevolezza trasforma il karma. Quando sedete in meditazione, non consentite ai vostri impulsi di tradursi in azioni. Per il momento almeno limitatevi a osservarli. In questo modo potete capire rapidamente che tutti gli impulsi mentali emergono e si dissolvono per vita propria; non sono voi, ma solo vostri pensieri e non dovete esserne governati. Se non reagite e non alimentate gli impulsi comprenderete direttamente la loro natura in quanto pensieri; di fatto, questo processo brucia gli impulsi distruttivi nel fuoco della concentrazione, dell'equanimità e del non-agire. Contemporaneamente, le conoscenze e gli impulsi creativi non vengono più emarginati con egual forza da quelli più turbolenti e distruttivi; sono alimentati appena si percepiscono e se ne diventa consci. In questo modo la consapevolezza può ristrutturare le maglie della catena di atti e conseguenze e così facendo ci affranca, ci libera aprendoci nuovi percorsi attraverso i momenti che chiamiamo vita. Senza la consapevolezza siamo trasportati troppo agevolmente dalla corrente del passato, senza una spiegazione per la nostra impotenza e nessuna via di uscita. Il nostro dilemma sembra essere sempre la colpa di altri o del mondo, cosicché i nostri pensieri e sentimenti sono permanentemente giustificati. Il momento presente non costituisce mai un nuovo inizio perché impediamo che così avvenga.

Come spiegare altrimenti, per esempio, la circostanza fin troppo comune che si verifica quando due persone che hanno vissuto assieme l'età adulta, procreato figli, ottenuto il successo nei rispettivi ambiti professionali in misura superiore alla media, invece di godersi i frutti delle rispettive fatiche si accusano l'un l'altro di aver rovinato la vita di coppia e anche quella personale? Come spiegare perché imputano all'altro la sensazione di isolamento, di costrizione, di sofferenza che li opprime costantemente? La risposta è «karma». Sotto una forma o l'altra, continuate a vederlo in rapporti inaspriti o carenti di qualcosa di fondamentale sin dall'inizio, la cui assenza induce tristezza, amarezza, dolore. È molto probabile che presto o tardi si raccolga ciò che si è seminato; se in un rapporto si praticano risentimento e isolamento per quarant'anni si finisce imprigionati nel rancore e nell'alienazione. Non è sorprendente e in questi casi non serve a molto stabilire le colpe.

In definitiva è la nostra sconsideratezza che c'ingabbia. Diventiamo sempre più esperti nel perdere contatto con l'arco completo delle nostre possibilità e sempre più bloccati nell'ormai inveterata abitudine di non vedere, di limitarci a reagire e recriminare.

Lavorando nelle carceri mi accade di vedere da vicino i risultati di karma «negativi», anche se fuori da quelle mura la situazione non è molto diversa. Ogni detenuto ha un passato di vicende concatenate; d'altronde tutte le storie sono così, una cosa porta all'altra. Molti hanno difficoltà a rendersi conto di che cosa sia accaduto, di che cosa sia andato storto. Solitamente è una lunga successione di situazioni che iniziano dal rapporto con i genitori e la vita in famiglia e proseguono con la vita di strada, povertà e violenza, fiducia mal riposta, ricerca del guadagno facile e tentativi di lenire la sofferenza e ottundere i sensi con alcol e allucinogeni che annebbiano la mente e il corpo. È l'effetto delle droghe, ma anche della vita vissuta, dell'indigenza e del blocco nello sviluppo della personalità. Questi individui mescolano pensieri e sentimenti, azioni e valori, lasciando scarsi spazi per temperare o quanto meno riconoscere impulsi o bramosie lesivi, crudeli, distruttivi e autodistruttivi.

Così, in un attimo al quale hanno condotto altri momenti non registrati dal subconscio, si può «perdere la testa», commettere un atto irreparabile e poi subire la miriade di conseguenze future. Tutto ha conseguenze, che lo sappiamo o meno, che si sia «beccati» dalla polizia o no. Veniamo sempre presi. Presi dal karma della propria condizione. Costruiamo la nostra prigione giorno per giorno. Da un certo punto di vista i miei amici carcerati avevano fatto le loro scelte, più o meno consapevolmente. Da un'altro, non avevano scelta; non sapevano che esistesse la possibilità di scegliere. Ancora una volta ci troviamo in presenza di «inconsapevolezza», o ignoranza, come dicono i buddisti. È l'ignoranza di come impulsi inconsulti, soprattutto se caratterizzati da avidità e odio, per quanto giustificati, razionalizzati o legali, possono distorcere la mente o la vita di un essere umano. Tutti soffriamo di simili stati mentali, occasionalmente in forme drammatiche, ma il più delle volte attraverso percorsi più sottili. Tutti possiamo essere imprigionati da esigenze incessanti, da una mente ottenebrata da idee e opinioni a cui si aderisce come se si trattasse di verità.

Sperare di cambiare karma significa rinunciare a quanto può offuscare mente e corpo condizionando ogni nostra azione. Non vuol dire fare buone azioni, ma sapere chi si è, e soprattutto che non si è il proprio karma, quale che sia in un dato momento. Significa adeguarsi alle cose così come stanno, ossia vedere chiaramente.

Da dove iniziare? Perché non dalla vostra mente? Dopo tutto è lo strumento tramite il quale i pensieri, i sentimenti, gli impulsi e le percezioni sono tradotti in azioni. Quando sospendete l'attività esterna per qualche tempo e praticate l'immobilità, proprio lì, in quel momento, con la decisione di sedere a meditare, interrompete già il flusso del vecchio karma, creandone uno interamente nuovo e più salutare. Qui risiede la radice del cambiamento, il punto di svolta di una vita vissuta.

L'atto stesso d'interrompere, di coltivare momenti di sosta, limitandosi semplicemente a guardare, ci colloca su un piano del tutto diverso rispetto al futuro. Come? Perché solo se ci si compenetra completamente in questo momento presente, qualsiasi altro che seguirà potrà caratterizzarsi per maggior comprensione, chiarezza e gentilezza, sarà inoltre meno dominato dalla paura o dalla sofferenza e più dalla dignità e dall'accettazione. Solo ciò che avviene ora avverrà poi. Se non esistono compassione, consapevolezza ed equanimità ora, nell'unico momento in cui possiamo usufruirne e nutrirci, quante probabilità vi sono che appaiano in seguito in condizioni di stress o di difficoltà?

*

L'idea che l'anima si congiungerà con l'estatico
solo perché il corpo è corrotto –
è pura fantasia.
Ciò che si trova ora, si trovava allora.

KABIR

Completezza e unicità

Quando abbiamo la concezione della nostra completezza ci troviamo all'unisono con tutto. E allora ci sentiamo completi noi stessi.

Seduti o distesi in stato d'immobilità possiamo ricollegarci col nostro corpo, trascenderlo, immedesimarci col respiro, con l'universo, sentirci completi e coinvolti in entità complete sempre più grandi. Il senso dell'interrelazione apporta una profonda conoscenza dell'appartenenza, dell'essere parte integrante delle cose, di sentirci a nostro agio dovunque ci si trovi. Possiamo assaporare, quasi meravigliati, l'atemporalità che supera la nascita e la morte e, nel contempo, avere coscienza della fuggevole brevità di questa vita e del nostro passaggio, della transitorietà dei legami col nostro corpo, con questo momento e con i nostri simili. Prendendo direttamente atto della nostra completezza durante la pratica meditativa, potremmo trovarci a conciliarci con le cose così come stanno, approfondendo comprensione e compassione, alleviando pene e disperazione.

Quando ci convinciamo della nostra completezza intrinseca, non vi sono più luoghi dove andare né cose da fare. Saremo quindi liberi di scegliere il nostro cammino. Che si agisca o meno regnerà la calma. La troveremo nel nostro intimo in ogni momento e mentre la toccheremo, l'assaporeremo, l'ascolteremo, il corpo non potrà che fare altrettanto e lasciar correre. Anche la mente ascolterà, sperimentando almeno un momento di pace. Aperti e ricettivi, troveremo equilibrio e armonia proprio qui, tutto lo spazio compreso in questo luogo, tutti i momenti compresi in questo momento.

*

Gli uomini comuni odiano la solitudine
Ma il saggio ne fa uso,
Abbracciando la propria solitudine,
Comprendendo di essere tutt'uno con l'universo.

LAO TZU, *Tao-te-Ching*

*

La pace entra nell'animo degli uomini
Quando s'identificano con l'universo.

ALCE NERO

*

Siddharta ascoltava. Era ora tutt'orecchi, interamente immerso in ascolto, totalmente vuoto, totalmente disposto ad assorbire; sentiva che ora aveva appreso tutta l'arte dell'ascoltare. Spesso aveva ascoltato tutto ciò, queste mille voci nel fiume, ma ora tutto ciò aveva un suono nuovo. Ecco che più non riusciva a distinguere le molte voci, le allegre da quelle in pianto, le infantili da quelle virili, tutte si mescolavano insieme, lamenti di desiderio e riso del saggio, grida di collera e gemiti di morenti, tutto era una cosa sola, tutto era mescolato e intrecciato, in mille modi contesto. E tutto insieme, tutte le voci, tutte le mete, tutti i desideri, tutti i dolori, tutta la gioia, tutto il bene e il male, tutto insieme era il mondo. Tutto insieme era il fiume del divenire, era la musica della vita. E se Siddharta ascoltava attentamente questo fiume, questo canto dalle mille voci, se non porgeva ascolto né al dolore né al riso, se non legava la propria anima a una di queste voci e se non s'impersonava in essa col proprio Io, ma tutte le udiva, percepiva il Tutto, l'Unità e allora il grande canto delle mille voci consisteva in un'unica parola.

HERMAN HESSE, *Siddharta*

*

Ciò che è necessario è imparare daccapo, osservare e scoprire da soli, il significato della completezza.

David Bohm, *Wholeness and the Implicate Order*

*

Io sono grande; io contengo moltitudini.

Walt Whitman, *Foglie d'erba*

Particolarità e caratterizzazione

L'interezza sperimentata di prima mano non può essere tirannica perché è infinita nella sua diversità e si trova rispecchiata, in ogni particolare, come la rete della dea indù Indra, simbolo dell'universo, ornata di gioielli alle estremità, che captano i riflessi dell'intera rete contenendo così il tutto. Alcuni vorrebbero che sacrificassimo uniformemente all'altare dell'unicità, utilizzando l'*idea* dell'unità, più che il costante confronto con essa, come un rullo compressore che appiattisce tutte le differenze. Ma è proprio nelle qualità uniche di questo e quello, nelle particolari individualità e proprietà che risiedono poesia e arte, scienza e vita, magia, grazia e ricchezza.

Tutti i volti si assomigliano, eppure con quanta facilità vediamo in ciascuno unicità, individualità e identità. Quale profondo valore attribuiamo a queste differenze. L'oceano è un tutto, ma ha innumerevoli onde, ciascuna diversa da tutte le altre; ha correnti, ciascuna unica, continuamente mutevole; il fondale è un paesaggio a sé; ovunque diverso e così pure i litorali. L'atmosfera è un tutto, ma le sue correnti presentano caratteristiche uniche, anche se si tratta semplicemente di vento. La vita sulla Terra è un tutto, ma si esprime per entità particolari correlate al tempo, microscopiche o visibili, vegetali o animali, estinte o viventi. Così non può esistere un solo luogo dove stare, un solo modo di essere, di praticare, di apprendere, di amare, di crescere o di guarire, di vivere, di sentire, di conoscere ed essere conosciuti. I particolari contano.

*

La cincia

La cincia
saltella vicino a me.

THOREAU

*

L'uomo che raccoglieva rapanelli
indicò la strada
con un rapanello.

ISSA

*

Vecchio stagno,
la rana si tuffa –
splash.

BASHO

*

Mezzanotte. Niente onde.
Nessun vento, la barca vuota
è inondata di chiaro di luna.

DOGEN

Afferrate l'idea?

Cos'è questo?

Lo spirito d'indagine è fondamentale per vivere consapevolmente.

Non è semplicemente un modo per risolvere i problemi, ma un metodo per assicurarsi di aver coscienza del mistero fondamentale della vita stessa e della nostra presenza sulla Terra. Chi sono io? Dove sono diretto? Cosa significa essere... uomo, donna, bambino, genitore, studente, operaio, capo, carcerato, senzatetto? Qual è il mio karma? Dove sono ora? Qual è la mia strada, la mia funzione sul pianeta?

Indagine non significa trovare risposte, specialmente rapide, frutto di un pensiero superficiale. Vuol dire chiedere senza attendersi risposte, riflettere sulla domanda, portare l'interrogativo dentro di sé, lasciarlo filtrare, ribollire, cuocere, maturare, entrare e uscire dalla coscienza, come tutte le altre cose.

Per indagare non è necessario stare immobili. L'indagine e la consapevolezza possono aver luogo simultaneamente nel corso della vostra vita quotidiana. Sono infatti la stessa cosa, provenienti da direzioni diverse. Potete porvi le domande di cui sopra mentre riparate la macchina, andate al lavoro, lavate i piatti, ascoltate vostra figlia che canta in una sera stellata di primavera o cercate un lavoro.

Nella vita si presentano continuamente problemi di tutte le forme e dimensioni, compresi fra il trascurabile, il profondo e il predominante. La sfida è affrontarli con spirito indagatore e improntato a consapevolezza. Questo comporta domandarsi: «Cos'è questo pensiero, questo sentimento, questo dilemma?» «In che modo lo risolverò?» O anche: «Sono disposto ad affrontarlo o a riconoscerlo del tutto?»

Il primo passo è ammettere che il problema esiste, ossia che vi è disagio, tensione o disarmonia in qualche misura. Potrebbero occorrere quaranta o cinquant'anni prima che ci decidiamo a riconoscere alcuni fra i grandi demoni che portiamo in noi. Ma forse anche questo è un bene. L'indagine non ha scadenze. È come una pentola posta su una mensola: sarà pronta per cuocere quando vorrete prenderla, riempirla e metterla a bollire.

Indagare significa porre domande in continuazione. Abbiamo il coraggio di prendere in considerazione una cosa qualsiasi e chiederci: cos'è questo? Cosa sta accadendo? Vuol dire osservare attentamente per un periodo di tempo prolungato, interrogandoci, interrogandoci: cos'è questo? Cosa c'è che non va? Cosa si trova alla radice del problema? Quali prove vi sono? E quali collegamenti? Quale sarebbe una buona soluzione? Chiedere, chiedere, continuamente chiedere.

L'indagine non consiste tanto nel pensare alle risposte, anche se domandare produrrà molti pensieri che sembreranno risposte, quanto invece nel prestare attenzione alle immagini evocate dal vostro interrogatorio come se foste seduti sulla sponda del fiume dei vostri pensieri, ascoltando l'acqua che scorre sopra e attorno alle rocce, ascoltando, ascoltando e osservando una foglia o un ramo trasportati dalla corrente.

L'autocostruzione del sé

> L'autentico valore di un essere umano è determinato anzitutto dalla misura e dal modo in cui si è liberato dal sé.
>
> ALBERT EINSTEIN

« Io », « me » e « mio » sono prodotti del nostro pensiero. Il mio amico Larry Rosenberg del Cambridge Insight Meditation Center ha definito selfing (autocostruzione del sé) l'inevitabile e incorreggibile tendenza a configurare da qualsiasi cosa o situazione un « io », « me » o « mio », agendo poi in base a quella prospettiva limitata, prevalentemente frutto di fantasia e autodifesa. Questo avviene praticamente in ogni istante, ma è una connotazione talmente intessuta nella nostra società che passa inosservata, come nel caso proverbiale del pesce che non conosceva l'acqua essendovi totalmente immerso. Lo potete notare voi stessi assai facilmente sia che meditiate in silenzio, sia vivendo un segmento di cinque minuti della vostra vita. Quasi in ogni momento o esperienza la nostra mente pensante costruisce il « mio » momento, la « mia » esperienza, il « mio » bambino, la « mia » fame, il « mio » desiderio, la « mia » opinione, il « mio » modo, la « mia » autorità, il « mio » futuro, la « mia » conoscenza, il « mio » corpo, la « mia » mente, la « mia » casa, il « mio » paese, la « mia » idea, i « miei » sentimenti, la « mia » macchina, il « mio » problema.

Osservando questo processo con attenzione e spirito d'indagine costanti vedrete che ciò che chiamiamo « il sé » è in verità una costruzione della nostra mente e nemmeno permanente. Se ricercate in profondità un'essenza individuale stabile e indivisibile, quel « voi » che sottostà alla « vostra » esperienza, non è probabile che la troviate se non in ulteriori pensieri. Potreste dire di essere il vostro nome, ma non sarebbe esatto; il nome non è che un'etichetta. Altrettanto vale per l'età, il genere, le opinioni e così via. Nulla di tutto ciò è fondamentale ai fini della vostra identità.

Quando indagate in questo modo seguendo il più profondamente possibile il filo conduttore che porta a chi o cosa voi siete, vi è la quasi certezza di trovare che non esiste un terreno solido su cui procedere. Se vi chiedete: «Chi è quell'io che chiede chi sono io?», alla fine non rimane che dire: «Non so». «Io» si presenta come una mera convenzione, riconoscibile grazie ai suoi attributi, nessuno dei quali, preso singolarmente o collettivamente, è rappresentativo della persona nella sua interezza. Inoltre, questo «io» ha la tendenza a dissolversi e a ricomporsi continuamente, virtualmente un momento dopo l'altro. Ha anche una forte inclinazione a sentirsi sminuito, piccolo, insicuro e incerto, proprio per la precarietà della sua esistenza. Questo non fa che peggiorare la tirannia e la sofferenza associate all'inconsapevolezza di quanto siamo intrappolati nell'«Io», «me» e «mio».

Poi vi è il problema delle forze esterne. L'«Io» tende a sentirsi soddisfatto quando le circostanze esterne corroborano la buona opinione che ha di sé, e a entrare in crisi quando invece deve affrontare critiche, difficoltà e presunti ostacoli o sconfitte. Qui sta forse la spiegazione più attendibile per la scarsa autoconsiderazione di molte persone. In realtà questo aspetto fittizio del nostro processo d'identità non ci è molto familiare ed è quindi facile che perdiamo l'equilibrio e ci sentiamo vulnerabili e trascurabili quando non troviamo sostegno e supporto alle nostre esigenze di approvazione e di sentirci importanti. È quindi assai probabile che si continui a cercare stabilità interiore ricorrendo a compensazioni esterne, al possesso materiale e alle persone da cui ci si sente amati. In questo modo manteniamo in funzione la nostra autocostruzione. Eppure, malgrado tutta questa attività autogena, potrebbero non esservi ancora durevole stabilità interiore e tranquillità mentale. I buddisti direbbero che questo avviene perché innanzitutto non esiste un «sé» assolutamente separato, ma solo il processo perenne di autocostruzione. Forse saremmo molto più felici e calmi se riconoscessimo questo processo come abitudine inveterata concedendoci poi una sosta, smettendo di adoperarci con tanta ostinazione per essere «qualcuno» e accontentandoci di sperimentare l'essere.

Questo fra l'altro non vuol dire che si debba «essere qualcuno» prima di diventare «nessuno»; questa è una delle vistose distorsioni della pratica meditativa nella Nuova Era, con la quale si sostiene che sia necessario possedere un robusto senso della propria personalità prima di esplorare la terra di nessuno in cui il «sé» non esiste. L'assenza del sé non significa essere nessuno, bensì che tutto è interdipendente e non esiste un «voi» isolato e autonomo. Voi siete voi solo relativamente a tutte le altre forze e avvenimenti del mondo – compresi i vostri genitori, l'infanzia, i pensieri e i sentimenti, gli eventi esterni, il tempo e così via. Inoltre, siete già qualcuno indipendentemente da tutto. Siete ciò che siete già, ma con questo non devono intendersi il vostro nome, l'età, l'infanzia, le opinioni, le paure. Queste sono solo componenti, non l'essere completo.

Così, quando parliamo di non tentare con tanto accanimento di essere «qualcuno» e di provare invece a essere, direttamente, intendiamo dire che si deve partire da dove ci si trova e lavorare da qui. Meditazione non significa spersonalizzarsi, diventare uno zombie contemplativo, incapace di vivere nel mondo reale e di affrontare problemi reali, bensì vedere le cose come sono, non distorte dai nostri processi mentali; parte di questo è rendersi conto che tutto è correlato e che sebbene il nostro senso convenzionale del «sé» possa essere d'aiuto in molti modi, non è assolutamente reale o concreto o permanente. Così, se smetterete di cercare di apparire migliori di quanto siate, per timore di essere inferiori al vostro autentico valore, la vostra personalità reale sarà più spensierata e felice, oltre che più sopportabile per gli altri.

Potremmo iniziare con l'assumere una posizione più distaccata verso gli avvenimenti, valutando l'accaduto in sé, senza connotazioni personali, tanto per provare. Forse si tratta di una coincidenza, non vi è stata intenzionalità nei vostri confronti. Notate le vostre reazioni in quei momenti. Continuate a pensare in funzione dell'«Io» e del «me»? Chiedetevi invece: «Chi sono io?» oppure «Cos'è questo 'Io' che accampa pretese di proprietà?»

La consapevolezza stessa può aiutare a recuperare l'equilibrio e a ridurre l'impatto dell'autocostruzione del sé. Notate anche quanto questa sia illusoria. Le cose a cui vi attaccate perché vi riguardano personalmente vi eludono, perché cambiano e si svalutano costantemente, si formano nuovamente, sempre con lievi differenze a seconda delle circostanze. Questo è il senso dell'autoidentificazione definita « strana attrazione » nella teoria del caos, uno schema che configura ordine, ma è anche imprevedibilmente disordinato. Non si ripete mai e quando lo esaminate è leggermente diverso.

La natura sfuggente di una personalità pur concreta, permanente e immutabile è un aspetto che dà adito a speranze. Significa che potete smettere di prendervi eccessivamente sul serio ed evitare le pressioni indotte dalla pretesa che tutto ciò che riguarda voi personalmente sia determinante ai fini del funzionamento dell'universo. Prendendone atto e accantonando gli impulsi egocentrici concediamo all'universo una certa libertà d'azione. La nostra partecipazione intrinseca all'andamento dell'universo creerà necessariamente in noi un certo distacco rispetto alle nostre attività esageratamente egocentriche, narcisistiche, autocritiche, insicure e ansiose, e ridimensionerà il nostro modo di percepire come totalmente reale il mondo immaginario costruito dai nostri pensieri.

L'ira

Lo sguardo disperato e la preghiera inespressa di non arrabbiarmi dipinti sul volto di mia figlia undicenne Naushon mentre scendo dalla macchina davanti all'abitazione della sua amica nelle prime ore di un mattino domenicale non mi sfuggono, ma non sono sufficienti a frenare l'irritazione e la collera che vede sorgere in me; lei teme che faccia una scenata e la metta in imbarazzo. In questo momento sono troppo sconvolto per trattenermi, anche se poi rimpiangerò di non averlo fatto. Ora vorrei che quello sguardo mi avesse fermato, toccato, inducendomi a vedere cosa fosse veramente importante – ossia che lei sentisse di potersi fidare di me anziché temere che la tradissi o mortificassi la sua sensibilità sociale in boccio. Ma in quel momento ero troppo agitato per essere stato manipolato dalla sua amica, che doveva essere pronta a una certa ora e non lo era, per rendermi pienamente conto del problema di mia figlia.

Ero preso da un tumulto di indignata suscettibilità. Il mio «Io» non ama che lo si faccia attendere, che altri se ne approfittino. L'ho rassicurata, non avrei fatto scenate, ma dovevo farmi sentire perché odio essere usato. Ho atteso ribollendo interiormente per un tempo risultato poi notevolmente breve.

L'episodio si concluse rapidamente, ma non nella mia memoria, dove permane, e spero rimarrà sempre, quello sguardo sul volto di mia figlia che non ho saputo leggere in tempo per dominarmi completamente. Se ne fossi stato capace, la collera sarebbe svanita subito.

Quando ci si rinchiude nell'angusta prospettiva di «avere ragione» vi è un prezzo da pagare. Il mio cattivo umore passeggero è molto meno importante della sua fiducia, che in quel momento ho comunque calpestato. Se non si è vigili e coscienti, accessi di mentalità ristretta possono dominare il momento. Succede continuamente. Le sofferenze che procuriamo a noi e agli altri fanno sanguinare gli animi. Per quanto sia difficile ammetterlo, soprattutto nei nostri riguardi, troppo spesso indulgiamo e ci arrendiamo all'ira venata di egocentrismo.

Lezioni dal cibo per gatti

Odio trovare nel lavello di cucina i piatti sporchi dei gatti assieme ai nostri. Non so perché questo mi irrita tanto, ma così è. Forse perché da bambino non ho mai avuto un animale domestico. O forse penso che sia antiigienico (paura dei virus e simili). Quando voglio lavare i piatti dei gatti, prima libero il lavello dai nostri. Comunque non mi piace vederli assieme e mi inalbero subito quando accade.

Innanzitutto mi arrabbio, poi dirigo l'irritazione verso il presunto colpevole, solitamente mia moglie Myla. Mi sento offeso perché non rispetta i miei sentimenti; le ho detto innumerevoli volte che non mi piace, che quella commistione mi disgusta; le ho chiesto di non farlo con la maggior gentilezza di cui sono capace, ma spesso lei ci ricasca. È convinta che sia una sciocchezza, che esagero e quando è di fretta lascia nel lavello i piatti sporchi dei gatti.

Quando me ne accorgo ha subito inizio un'animata discussione, il più delle volte perché sono irritato, offeso e soprattutto mi sento giustificato per la mia « irritazione » perché so di « aver ragione ». Il cibo per gatti non dovrebbe stare nel lavello! Ma quando lo trovo lì, il mio egocentrismo si manifesta con una certa forza.

Recentemente ho notato di essere divenuto meno suscettibile a questo proposito. Non perché abbia cambiato punto di vista; rimango sempre dello stesso parere, ma in certo qual modo anch'io vedo la cosa diversamente, con maggior consapevolezza e umorismo. Intanto, quando si ripete – e questo accade ancora con fastidiosa frequenza – mi accorgo che noto la mia reazione. « Ci siamo », ricordo a me stesso.

Osservo la collera che mi sta prendendo, preceduta però da un leggero senso di repulsione. Poi avverto una sensazione di tradimento, questa non molto lieve. Qualcuno fra i miei familiari non ha tenuto conto della *mia* richiesta e *io* mi sento toccato molto personalmente.

Dopo tutto, in famiglia il mio punto di vista dovrebbe contare, non vi pare?

Ho iniziato a sperimentare le mie reazioni mantenendole sotto attenta osservazione senza intervenire. Posso dire che l'iniziale senso di disgusto non è poi grave e se mi soffermo su di esso, respiro e mi limito a registrarlo, dopo un secondo o due è scomparso. Ho notato anche che è la sensazione di tradimento, di noncuranza per i miei desideri a mandarmi in bestia, più che il fatto in sé. Scopro così che non è questo la fonte della mia ira, ma non essere ascoltato e rispettato. Si tratta di ben altro che dei residui di cibo per gatti!

Prendo atto poi che mia moglie e i ragazzi la pensano in tutt'altro modo; sono convinti che io esageri e, pur cercando di rispettare i miei desideri quando lo ritengono giusto, in altre occasioni continuano a comportarsi come vogliono, forse senza nemmeno pensare a me.

Così ho smesso di sentirmi personalmente offeso e quando non voglio vedere cibo per gatti nel lavello, mi arrotolo le maniche della camicia e lavo i piatti. Altrimenti lascio tutto come si trova e me ne vado. Non litighiamo più per questo. Anzi, ora mi accade di sorridere quando vedo il materiale incriminato; dopo tutto, mi ha insegnato molto.

PROVA: osservate le vostre reazioni in situazioni che vi disturbano o vi irritano. Notate che il solo sentir parlare di qualcosa che vi fa arrabbiare corrisponde a cedere la vostra autorità ad altri. Queste occasioni si prestano ottimamente a utilizzare la consapevolezza come una pentola in cui mettere tutti i vostri sentimenti e poi soffermarsi su di essi, lasciandoli cuocere a fuoco lento, rammentandovi che non dovete intervenire subito, che continueranno a cuocere, diventando più digeribili e più semplici da comprendere se rimarranno nella pentola della consapevolezza.

Osservate in quali modi i vostri sentimenti sono creati da un vostro punto di vista, forse non sufficientemente completo. Siete in grado di lasciare le cose come stanno e di non farne una questione di torto o ragione? Sapreste essere sufficientemente paziente e coraggioso da considerare la possibilità di mettere nella pentola emozioni sempre più forti e lasciarle sbollire, anziché proiettarle all'esterno, tentando di costringere il mondo a essere come ora lo volete? Capite come questa pratica potrebbe consentirvi di conoscere voi stessi in nuovi modi, liberandovi da concetti vecchi, abusati e restrittivi?

Il mestiere di genitore come pratica

Ho iniziato la pratica meditativa poco più che ventenne. In quel periodo avevo una certa disponibilità di tempo e potevo frequentare periodicamente ritiri della durata di dieci giorni o due settimane, strutturati in modo che i partecipanti potessero dedicarsi quotidianamente, dal primo mattino a tarda sera, esclusivamente alla meditazione assisa o deambulante, inframmezzate da abbondanti pasti vegetariani, il tutto in silenzio. In questo lavoro interiore eravamo assistiti da eccellenti maestri di meditazione che alla sera tenevano incontri assai produttivi per aiutarci ad approfondire e ampliare la nostra pratica, ricorrendo anche a colloqui individuali per rendersi conto dei progressi.

Amavo quei ritiri perché mi fornivano l'occasione di tenere in sospeso tutte le mie occupazioni, recarmi in una località amena e tranquilla in campagna, dove c'era gente che si prendeva cura di me, e vivere una vita contemplativa estremamente semplificata, dove l'unico programma era praticare, praticare, praticare.

Non che fosse facile, intendiamoci. Spesso si dovevano sopportare molti disagi fisici, rimanendo seduti per parecchie ore di seguito, e questo era nulla rispetto al turbamento emotivo che talvolta emergeva quando la mente o il corpo divenivano più tranquilli e meno occupati.

Quando mia moglie e io decidemmo di avere dei figli sapevo che almeno per un certo periodo avrei dovuto rinunciare ai ritiri. Mi dissi che avrei potuto sempre tornare nell'ambiente meditativo quando sarebbero cresciuti e non avrebbero più avuto bisogno della mia presenza assidua. L'idea di riprendere la vita monastica in età avanzata aveva una sfumatura romantica. La prospettiva di rinunciare ai ritiri, o almeno di ridurli drasticamente non mi preoccupava molto poiché, per quanto li apprezzassi, avevo deciso che avere dei figli poteva corrispondere a un autentico ritiro meditativo, con gran parte degli aspetti importanti di quelli che avrei lasciato, eccetto la quiete e la semplicità.

La mia concezione era la seguente: ciascun bambino avrebbe potuto essere considerato un piccolo Budda o maestro Zen, un insegnante personale di consapevolezza, paracadutato nella mia vita, la cui presenza e le cui azioni avrebbero certamente toccato ogni corda e messo alla prova ogni mia convinzione e limitazione, offrendo continue occasioni per verificare se fossi attaccato a qualcosa e disposto a distogliermene. Ciascun figlio avrebbe significato un ritiro di *almeno* diciotto anni, senza evasioni dai buoni comportamenti. Il programma sarebbe stato incessante, con continui atti di altruismo e tenerezza amorevole. La mia vita, che fino a quel momento era consistita essenzialmente nel soddisfare le mie esigenze e i miei desideri personali, sarebbe cambiata profondamente. Era chiaro che divenire padre avrebbe rappresentato la maggior trasformazione della mia età adulta fino a quel momento. Farlo bene avrebbe richiesto estrema chiarezza di vedute, imponendomi di lasciare le cose com'erano più spesso di quanto avessi fatto fino a quel momento.

Innanzitutto i bambini piccoli richiedono costanti cure; qualsiasi esigenza va soddisfatta in base alle loro scadenze, non alle vostre; quotidianamente e non quando lo ritenete opportuno. Ma ancora più importante, perché i bambini possano crescere ed evolversi in maniera equilibrata, è la vostra incondizionata presenza. Devono essere cullati il più possibile, portati a passeggio, bisogna farli addormentare con la ninnananna, giocare con loro, confortarli, a volte curarli fino a tarda sera o di prima mattina, anche se ci si sente stanchi e svuotati, si desidera solo dormire oppure si hanno impegni e responsabilità altrove. Le necessità profonde e continuamente mutevoli dei bambini offrono ai genitori occasioni ideali per essere pienamente presenti anziché agire innestando il pilota automatico, instaurare un rapporto cosciente e non meccanico, percepire l'essere in ciascun figlio e lasciare che la sua vivacità, vitalità e purezza risveglino la propria. Ritenevo che avere figli fosse l'occasione perfetta per approfondire la consapevolezza se avessi trasformato i bambini e la famiglia nei miei maestri e mi fossi ricordato di considerare e ascoltare accuratamente le lezioni di vita che si sarebbero accumulate rapidamente.

Come in qualsiasi ritiro prolungato vi sono stati periodi agevoli, altri meno, momenti meravigliosi o profondamente dolorosi. Per tutto questo tempo il principio di considerarmi in ritiro di meditazione e di affidare ai bambini e alla famiglia il compito d'istruirmi ha dimostrato più volte la sua validità. Allevare i figli richiede un grandissimo impegno. Durante i primi anni è un lavoro a tempo pieno, per svolgere il quale occorrerebbe una decina di persone e di solito ve ne sono solo due, o persino una, e senza un manuale che spieghi come fare. Se si vuole eseguirlo bene, è il lavoro più pesante del mondo e per la maggior parte del tempo non si sa nemmeno se si agisce bene o che cosa questo significhi. In pratica non si ricevono preparazione o addestramento di alcun genere per allevare i figli, s'impara lavorando, momento per momento.

All'inizio vi sono pochissime occasioni di sollievo; il lavoro vi tiene impegnati continuamente e i bambini prosciugano tutte le vostre forze, spinti come sono dall'avidità di conoscere il mondo e se stessi. Per di più, crescendo e sviluppandosi cambiano. Avete appena trovato il modo di gestire una situazione che l'hanno già superata e si accingono a intraprendere iniziative impreviste. Occorre essere continuamente vigili e presenti per evitare di affezionarsi a vedute ormai superate. E naturalmente non esistono risposte o formule preconfezionate per aiutare i genitori a fare le cose « giuste ». Questo significa che padri e madri si trovano inevitabilmente in situazioni creative e stimolanti quasi in permanenza e nel contempo di fronte a una sequela di compiti ripetitivi fino all'ossessione.

Tutto diventa più delicato quando i figli crescono e sviluppano proprie idee e forza di carattere. Un conto è prendersi cura delle esigenze dei bambini nella prima infanzia, prima che siano in grado di parlare e quando sono più che mai divertenti e adorabili. Un altro è assumere un atteggiamento chiaro ed efficace, che includa un minimo di saggezza e di equilibrio (dopo tutto, chi è l'adulto?) in occasione di contrasti tra bambini già più grandi, non sempre teneri e piacevoli, bensì litigiosi, ribelli, cocciuti, che vanno a cacciarsi in situazioni in cui la guida di un adulto, più che mai necessaria, viene respinta ostinatamente; in breve, seguirli comporta un costante dispendio di energie che lascia all'adulto pochissimo tempo per sé. L'elenco di situazioni in cui la vostra equanimità e razionalità vengono messe duramente alla prova, tanto da temere di perderle, è interminabile. Semplicemente non esistono vie d'uscita, rifugi o dissimulazioni che possano servire a loro o a voi. I bambini vedono tutto dall'interno e da vicino: le vostre fobie, le vostre idiosincrasie, i vostri difetti, le vostre carenze, le vostre contraddizioni e i vostri fallimenti.

Queste prove ardue non rappresentano impedimenti alla paternità e maternità o alla pratica consapevole. Sono *già* la pratica, *se* ricorderete di vedere le cose in questo modo. Altrimenti la vita del genitore può divenire un peso costante e insoddisfacente, in cui la scarsità di forza e di chiarezza di propositi potrebbe farvi dimenticare di apprezzare o persino di vedere la bontà insita nei vostri figli e in voi stessi. I bambini possono facilmente sentirsi feriti e sminuiti a causa di un'infanzia in cui le loro esigenze e doti interiori vengono costantemente trascurate. Queste ferite causeranno ulteriori problemi a loro e alla famiglia, problemi di fiducia in se stessi e di autoconsiderazione, di comunicazione e capacità, problemi che non si risolvono da soli quando i bambini crescono, ma di solito si amplificano. Come genitori potremmo non essere sufficientemente aperti per cogliere i segni di queste menomazioni e quindi intervenire per sanarle, dato che in una certa misura sono state causate da noi o dalla nostra mancanza di consapevolezza. Potrebbero anche essere indistinguibili, facilmente negate o attribuibili ad altre cause: in tal caso ci solleverebbero nella nostra mente, da una responsabilità che dovremmo invece assumerci.

È ovvio che questo dispendio di energie rivolto verso l'esterno deve essere di volta in volta compensato da energie in entrata per rivitalizzare i genitori, altrimenti il processo non sarebbe sopportabile a lungo. Da dove potrebbero pervenire? Posso pensare a due sole fonti possibili: supporto *esterno* da parte del partner, della famiglia, di amici, baby-sitter e così via, e la possibilità di dedicarsi ad attività che si amano, almeno occasionalmente. Sostegno *interno* che si potrebbe ottenere dalla pratica meditativa formale a condizione di potersi riservare un po' di tempo per la tranquillità, semplicemente per essere, sedersi a meditare, fare esercizi yoga, per ricaricarsi di energie a seconda delle proprie esigenze.

Io medito durante le prime ore del mattino, perché sono le sole che offrono quiete, quelle in cui nessuno chiede la mia attenzione e anche perché, a causa degli impegni di lavoro e altre incombenze, se non lo faccio in quelle ore non lo farò più, dato che sarò troppo stanco o indaffarato. Trovo pure che praticare in quelle ore conferisca il tono all'intera giornata, costituendo sia un memento sia l'affermazione di ciò che è importante e ponendo le premesse per vivere spontaneamente ma consapevolmente gli altri aspetti della vita.

Ma quando i nostri bambini erano piccoli anche le ore mattutine trascorrevano all'insegna dell'imprevedibilità. Non era possibile fare assegnamento su qualcosa senza correre il rischio di essere interrotti o impediti. I nostri figli dormivano pochissimo, tardavano ad addormentarsi e si svegliavano presto, soprattutto se stavo meditando. Sembrava che si destassero non appena mi alzavo. Talvolta ero costretto a spostare l'inizio della giornata alle quattro del mattino per poter fare un poco di meditazione assisa o di yoga. In altre occasioni mi sentivo troppo stanco e decidevo che il sonno, in ogni caso, aveva la massima importanza; oppure me ne stavo con il pargolo in grembo lasciando che decidesse la durata della seduta; adoravano stare avvolti nella coperta che usavo per meditare, sporgendo solo il capo e spesso rimanevano tranquilli a lungo, mentre io seguivo non la mia, bensì la nostra respirazione.

In quei giorni ero profondamente convinto, e lo sono ancora, che la consapevolezza del mio corpo e del mio respiro, del nostro stretto contatto fisico li aiutava a percepire una sensazione di calma e a esplorare stati di pace e accettazione. E la loro calma interiore, molto superiore alla mia e più pura, poiché pensieri e preoccupazioni da adulti non ingombravano la loro mente, aiutava *me* ad essere più calmo, rilassato e presente. Quando ancora non camminavano, praticavo yoga con loro che si arrampicavano, cavalcavano o penzolavano dal mio corpo; rotolandoci sul pavimento scoprivamo spontaneamente nuove posizioni yoga per due corpi e cose che potevamo fare assieme. Un gioco come questo, prevalentemente consapevole, rispettoso e con rari scambi verbali era fonte di divertimento e gioia incontenibili per me come padre e di intensa comunanza fra noi.

Più i bambini crescono, più difficile diventa ricordare che sono tuttora maestri Zen a domicilio. Le difficoltà di mantenermi consapevole e meno reattivo, di indagare chiaramente sulle mie risposte più o meno eccessive e di riprendermi quando sto sbandando sembrano aumentare via via che ho meno voce in capitolo nelle loro vite. Vecchie registrazioni della mia adolescenza sembrano emergere al massimo volume prima che mi accorga di cosa sta accadendo: archetipi maschilisti sul mio ruolo nella famiglia, autorità legittima e illegittima, come imporre la mia volontà, il senso della mia posizione in casa, rapporti interpersonali fra persone di età e livelli assai differenti e le rispettive necessità spesso contrastanti. Ogni giorno offre una nuova sfida; a volte ci si sente sopraffatti, altre completamente soli. Percepite che il divario aumenta, riconoscete l'importanza di una presa di distanza ai fini di uno sviluppo e di un'evoluzione psicologicamente sani del ragazzo, ma la separazione, per quanto salutare, addolora. A volte dimentico io stesso cosa significa essere adulti e mi abbandono a comportamenti infantili. I ragazzi fanno presto a scuotermi e a risvegliarmi se la mia consapevolezza non è all'altezza del proprio compito in quel momento.

La vita familiare può essere un ambito perfetto per la pratica della consapevolezza, ma non per chi ha il cuore tenero, per gli egoisti, i pigri o i romantici inguaribili. Crescere i figli è uno specchio che costringe a guardarsi in faccia. Se si può imparare da ciò che si vede, si può avere la possibilità di continuare a crescere a nostra volta.

*

> Quando si arriva ad accettare che persino fra gli esseri umani più legati continuino a esistere distanze infinite, si può vivere meravigliosamente fianco a fianco se ciascuno riesce ad amare quella distanza in modo da vedere l'altro stagliarsi contro il cielo nella sua completezza.
>
> Reiner Maria Rilke, *Lettere*

*

Il raggiungimento della completezza richiede che si metta in gioco tutto il proprio essere. Nulla di meno sarà sufficiente; non possono esistere condizioni più agevoli, nessun surrogato, nessun compromesso.

C.G. JUNG

PROVA: se siete un genitore o un nonno, provate a considerare i bambini come vostri maestri. Osservateli in silenzio, ascoltateli più attentamente, leggete il loro linguaggio corporeo. Valutate la loro autoconsiderazione dal portamento, da ciò che disegnano, da ciò che vedono, da come si comportano. Quali necessità hanno in questo momento, a quest'ora del giorno, in questa fase della loro vita? Chiedetevi: «Come posso aiutarli proprio ora?» Poi seguite ciò che il cuore vi suggerisce. E, ricordate che, nella maggioranza delle situazioni, un consiglio è forse l'ultima cosa utile, a meno che sia il momento adatto e voi siate assai tempestivi e dotati della sensibilità necessaria a presentare le cose. Il solo fatto di essere voi stessi equilibrati, pienamente presenti, aperti e disponibili è un grande dono per loro. Un abbraccio mentale non è mai di troppo.

Il mestiere di genitore. Seconda parte

Naturalmente voi siete i principali maestri di vita per i vostri figli, ed essi lo sono per voi, e come svolgerete questo ruolo influirà su entrambe le parti. Io considero l'educazione dei figli come una tutela estesa nel tempo, ma provvisoria. Quando li consideriamo i « nostri » o i « miei » bambini e ci comportiamo come se fossero proprietà personali da formare e controllare in base alle nostre esigenze, credo che abbiano inizio guai grossi. Piaccia o meno, i figli hanno e avranno sempre una propria personalità, anche se necessitano di grande amore e guida per diventare essere umani completi. A un tutore o guida occorrono saggezza e pazienza in abbondanza per trasmettere ciò che servirà alla generazione successiva. Alcuni – anch'io fra questi –, oltre alla naturale propensione alle cure, amore e tenerezza, hanno bisogno di costante consapevolezza per svolgere bene il proprio lavoro, consistente nel proteggere i bambini mentre sviluppano idee e capacità personali per destreggiarsi lungo i percorsi che poi esploreranno più a fondo.

Alcuni, convinti della validità della meditazione nella propria vita, sono malauguratamente tentati di coinvolgervi anche i figli. Questo potrebbe rivelarsi un grave errore. A mio parere, il miglior modo per indurre i bambini alla saggezza, alla meditazione o a qualsiasi altra cosa, particolarmente in tenera età, è viverle voi stessi, personificare ciò che volete insegnare e tenere la bocca chiusa. Più parlerete, li forzerete e insisterete perché si comportino in un dato modo, maggiore sarà la probabilità, io credo, che se ne allontanino per la vita. Essi intuiranno il forte attaccamento alle vostre idee, l'intenzione aggressiva di dominarli e inculcare loro determinati principi che sono solo vostri, capiranno che questo è il vostro, non il loro cammino. Crescendo potranno anche scoprirne l'ipocrisia e il divario fra ciò che professate e come lo vivete.

Se vi dedicate alla vostra pratica meditativa personale, lo sapranno e lo vedranno, dandola per scontata, come parte della vita e attività normale. Potrebbero persino essere indotti a imitarvi, come accade per molte altre cose che fanno i genitori. La motivazione per imparare e praticare la meditazione deve provenire da loro e rimanere valida nella misura in cui il loro interesse è duraturo.

L'autentico insegnamento è in gran parte non verbale. A volte i miei bambini fanno yoga con me perché mi vedono farlo. Ma per la maggior parte del tempo hanno cose più importanti di cui occuparsi e non dimostrano interesse. Lo stesso vale per la meditazione assisa, ma essi sanno cos'è, se ne sono fatti una certa idea e sanno che vi attribuisco importanza e la pratico io stesso. Quando vogliono, sanno come fare, perché hanno imparato da piccoli sedendo con me.

Se siete praticanti scoprirete in quali momenti converrà raccomandare la meditazione. Questi suggerimenti potranno «funzionare» o meno nella circostanza, ma costituiranno un seme per il futuro. Occasioni opportune si hanno quando i bambini provano dolore, paura o non riescono ad addormentarsi. Senza mostrarsi oppressivi o insistenti, potete suggerire loro di respirare a fondo e lentamente, di lasciarsi cullare dalle onde in una barchetta, di prestare attenzione al dolore o alla paura, pensare a immagini o colori, usare l'immaginazione per «giocare» con la situazione, ricordando che si tratta solo di rappresentazioni della mente, come un film; convinceteli che possono cambiare il film, il pensiero, l'immagine, il colore e a volte sentirsi meglio più rapidamente e acquisire maggior controllo.

Talvolta questo funziona bene con bambini in età prescolare, ma quando hanno sei o sette anni è facile che provino imbarazzo o si sentano sciocchi. Anche questo passa e ridiventano ricettivi. Comunque, è stato gettato il seme dell'idea che esistono vie interiori per governare timori e dolore e spesso essi recuperano questo concetto crescendo. Sapranno per esperienza diretta di contare più dei loro pensieri e sensazioni e potranno rapportarsi a questi in modo da disporre di maggiori scelte per partecipare e influenzare gli esiti delle varie situazioni; solo perché le menti altrui vacillano non è detto che essi debbano fare altrettanto.

Alcuni trabocchetti lungo il percorso

Se seguite il cammino della pratica della consapevolezza per una vita intera, il maggior ostacolo potenziale in alcuni punti del percorso sarà indubbiamente rappresentato dalla vostra mente.

Per esempio, ogni tanto potreste giungere alla conclusione di fare progressi, specialmente in alcuni momenti soddisfacenti che trascendono le esperienze precedenti. Potreste allora pensare, e dire addirittura, di aver raggiunto un obiettivo, o che la pratica meditativa «funziona». L'egocentrismo pretende il merito per questa sensazione o conclusione speciale, di qualsiasi cosa si tratti. Appena questo accade non si parla più di meditazione, bensì di pubblicità. È facile cadere nel trabocchetto e usare la pratica meditativa ai fini dell'autopromozione.

In una simile situazione cessate di vedere con chiarezza. Persino un'interpretazione corretta, se sbandierata da questo tipo di pensiero ai fini propri, si offusca rapidamente e perde autenticità. Così, dovete sempre ricordare che tutte le colorazioni tipo «io», «me», «mio» sono semplicemente correnti del pensiero che possono influire negativamente sul vostro animo e sulla purezza dell'esperienza diretta. Rammentarsene mantiene vitale la pratica proprio nel momento in cui ne abbiamo più bisogno e siamo più disposti a contravvenire. C'impone di osservare in profondità, con spirito d'indagine e genuina curiosità, chiedendoci continuamente: «Cos'è questo?», «Cos'è questo?»

Potrebbe anche accadervi di pensare di non arrivare a nulla nella vostra pratica meditativa. Non si è verificato alcunché di quanto volevate, provate un senso di monotonia e di noia. Anche qui, il problema è il pensiero; non c'è nulla di male a nutrire questi sentimenti se non si riesce a praticare, così come non ci sarebbe niente di male se ve ne sentiste capaci e la vostra pratica mostrasse sintomi di divenire più profonda e valida. Il trabocchetto si ha quando si sopravvalutano tali esperienze o pensieri e si inizia a caricarli di un significato speciale. Quando si mostra eccessivo attaccamento alla propria esperienza la pratica e il proprio sviluppo subiscono una battura d'arresto.

PROVA: ogni volta che vi sorprendete a pensare di essere sul punto di ottenere un risultato o di non arrivare dove volevate, può servire porsi interrogativi come: «Fino a che punto dovrei arrivare?»; «Chi dovrebbe raggiungere quel certo obiettivo?»; «Perché determinati stati mentali sono meno validi da osservare e accettare come presenti, rispetto ad altri?»; «Invito la consapevolezza in ogni momento oppure mi abbandono a un'inconsapevole ripetizione di forme della pratica meditativa scambiando la forma per la sostanza?»; «Sto utilizzando la meditazione come una tecnica?»

Queste domande aiutano a intervenire nei momenti in cui stati d'animo involuti, abitudini inconsulte e forti emozioni dominano la vostra pratica. Possono quindi riportarvi alla freschezza e bellezza di ciascun momento così com'è. Forse avevate dimenticato o semplicemente non avevate afferrato che la meditazione è l'unica attività umana in cui non ci si prefigge un risultato, ma consente di essere dove e come si è già. È una medicina amara da trangugiare quando si è insoddisfatti per ciò che avviene o di dove ci si trova, ma proprio in quei momenti conviene farlo.

La meditazione ha un valore spirituale?

Se cercate nel dizionario il termine « spirito », troverete che deriva dal latino *spirare*, che significa « respirare », ossia inspirare ed espirare. Ne conseguono tutte le associazioni del concetto di spirito con alito della vita, energia vitale, consapevolezza, anima, spesso rappresentati come doni divini elargitici e perciò un aspetto della santità, del sublime, dell'ineffabile. Nel senso più profondo, il respiro stesso è il massimo dono dello spirito. Ma, come abbiamo visto, la profondità e l'arco delle sue virtù possono rimanere inavvertite se la nostra attenzione è diretta altrove. La funzione della consapevolezza è risvegliarci alla vitalità in ogni nostro momento. Tutto nella consapevolezza è ispirazione, nulla è escluso dall'ambito spirituale.

Per quanto possibile io evito del tutto l'uso della parola « spirituale ». Non la trovo utile, né necessaria o appropriata nel mio lavoro all'ospedale, dove cerco d'infondere consapevolezza nella medicina e nelle cure sanitarie, né in altri contesti quali la clinica riguardante la riduzione dello stress indotto dall'ambiente dei ghetti multietnici, delle carceri, delle scuole, delle organizzazioni e degli atleti professionisti. Né trovo che il termine « spirituale » sia particolarmente congeniale al modo in cui intendo affinare e approfondire la mia pratica meditativa.

Non che io neghi il concetto di meditazione quale pratica fondamentalmente « spirituale ». È solo che le connotazioni imprecise, incomplete e spesso fuorviate di quella parola mi mettono a disagio. La meditazione può essere un cammino decisivo per autosvilupparsi, affinare le proprie percezioni e vedute, oltre che l'autocoscienza. Ma a mio parere il lessico della spiritualità crea più problemi di quanti ne risolva.

Alcuni definiscono la meditazione « disciplina della coscienza » e preferisco questa formulazione a quella di « pratica spirituale ». La parola « spirituale », infatti, evoca connotazioni molto differenti a seconda delle persone, inevitabilmente intrecciate con sistemi di credenze e di aspettative inconsce che molti fra noi sono restii ad analizzare e che troppo facilmente possono distoglierci dallo sviluppare un'autentica crescita e persino dal credere che sia possibile.

Talvolta certe persone vengono da me in ospedale per dirmi che il periodo trascorso nella clinica per la riduzione dello stress è stata l'esperienza più spirituale della loro vita. Sono lieto che la pensino così perché è un effetto diretto della loro pratica meditativa e non un prodotto di teorie, ideologie o sistemi di fede. Solitamente ritengo di sapere cosa vogliono dire; ma so anche che cercano di tradurre con parole un'esperienza interiore che in definitiva trascende le etichettature. Ma spero sinceramente che quali che siano state la loro esperienza o le conoscenze acquisite, esse continueranno, si radicheranno, rimarranno vive e cresceranno. È sperabile che abbiano compreso che la pratica non significa raggiungere un qualsiasi obiettivo, favorire o approfondire esperienze spirituali; la consapevolezza supera il pensiero più o meno velleitario e il qui e ora è il palcoscenico sul quale continua a svolgersi questo lavoro.

Il concetto di spiritualità può limitare anziché estendere il nostro pensiero. Fin troppo frequentemente alcuni aspetti sono considerati spirituali a differenza di altri. La scienza, crescere i figli, allevare i cani, sviluppare il corpo e la mente, l'esperienza del parto, nutrirsi, dipingere, suonare uno strumento, passeggiare o ammirare un fiore sono attività spirituali? Lo sono anche respirare o scalare una montagna? Naturalmente tutto dipende dalla qualità del rapporto che si stabilisce, da come lo si interiorizza.

La consapevolezza fa risplendere tutto con la luminosità che si attribuisce al termine « spirituale ». Einstein ha parlato della « sensazione religiosa cosmica » provata contemplando l'ordine insito nell'universo fisico. La grande genetista Barbara McClintock, le cui ricerche sono state ignorate e sottovalutate a lungo dai colleghi maschi finché a ottant'anni ha ricevuto il premio Nobel, riferisce che occuparsi delle complessità della genetica del granoturco le procurava un « sentimento per l'organismo ». Forse, in ultima analisi, spirituale significa semplicemente sperimentare direttamente completezza e intercorrelazione, rendersi conto che individualità e totalità sono connesse, che nulla è separato o estraneo. Se la posizione è questa, tutto diviene spirituale nell'accezione più profonda, sia il lavoro scientifico sia lavare i piatti. È l'esperienza interiore che conta. Voi dovete mostrarvi disponibili. Tutto il resto non è che elucubrazione fine a se stessa.

Nel contempo occorre essere vigili rispetto a tendenze all'autoinganno, idee illusorie, mania di grandezza, autoadulazione e tentazioni di sfruttamento o persecuzione nei confronti altrui. Nel corso della storia umana l'attaccamento a una «verità» spirituale ha sempre avuto conseguenze gravissime. Altre ancora sono provenute da persone nascoste dietro la maschera della spiritualità, ma disposte ad arrecare danno agli altri pur di soddisfare i propri appetiti.

Inoltre, le nostre professioni di spiritualità suonano alquanto farisaiche all'orecchio scaltrito. Spesso, concezioni ristrette e letterali della spiritualità la pongono al disopra della «volgarità», «impurità» e «illusorietà» di corpo, mente e materia. Quando ci si lascia catturare da queste idee è facile usarle per rifuggire dalla vita.

Nella prospettiva mitologica, il concetto di spirito comporta una qualità elevata, come hanno precisato James Hillman e altri esponenti della psicologia archetipica; la sua energia è volta verso l'alto, a elevarsi al di sopra delle qualità terrene verso il mondo immateriale, risplendente di luce e radiosità, un mondo che ha trasceso gli opposti, in cui tutto si fonde nell'unicità, nirvana, paradiso, unità cosmica. Ma l'unità, pur essendo sicuramente un'esperienza umana rarissima, non costituisce il punto d'arrivo. Per di più, troppo spesso è meramente composta per nove decimi da pensiero velleitario (ma pur sempre pensiero) e per uno solo da esperienza diretta. L'aspirazione all'unità spirituale, in particolare da giovani, è sovente motivata da ingenuità e dall'assillo romantico di trascendere il dolore, la sofferenza e le responsabilità di questo mondo diviso e frammentato, che comprende anche viscosità e oscurità.

Questa *idea* della trascendenza può essere una grande via di fuga, un carburante ad alto tenore di ottani dell'illusione. Per questo la tradizione buddista, quella zen in particolare, insiste sulla circolarità, sul ritorno al consueto e al quotidiano, ossia, come dicono loro, «essere liberi e a proprio agio sulla piazza del mercato». Questo significa risiedere *ovunque*, né più in alto né più in basso, semplicemente presenti, ma *interamente* presenti. E i praticanti Zen hanno un detto assolutamente irriverente e meravigliosamente provocatorio: « Se incontri il Budda uccidilo »; come dire che qualsiasi attaccamento concettuale al Budda o all'illuminazione mancano completamente il bersaglio.

Notate che l'immagine della montagna usata più addietro non si rifà semplicemente all'inaccessibilità della vetta che si eleva sulla « volgarità » del quotidiano. Si riferisce anche all'impianto della base, inserita nella roccia, alla disponibilità a sedersi a meditare in qualsiasi condizione: nebbia, pioggia, neve e freddo, oppure in termini psicologici, depressione, preoccupazione, confusione, dolore e sofferenza.

Gli studiosi della psiche ci ricordano che la roccia simboleggia l'*anima* più che lo *spirito*. È diretta verso il basso, il percorso dell'anima è una discesa simbolica nel sottosuolo. Anche l'acqua simbolizza l'anima, concretizzando l'elemento discesa, come nella meditazione del lago, raccogliendosi nelle depressioni circondate dalla roccia, oscure e misteriose, ricettive, spesso fredde e umide.

Il senso dell'anima è radicato nella molteplicità più che nell'unicità, è fondato sulla complessità e sull'ambiguità, sulla particolarità e sulla caratterizzazione. L'anima ha una storia di ricerca, in cui la vita è a rischio; si sopporta l'oscurità e si incontrano ombre, ci si seppellisce sottoterra o sott'acqua, ci si perde e a volte si è confusi, ma comunque si persevera. Alla fine, perseverando entriamo in contatto con i nostri pregi, emergendo dall'oscurità e dagli atri anditi sotterranei che più temevamo, ma che abbiamo comunque affrontato. Questo pregio era sempre esistito, ma doveva essere riscoperto attraverso questa discesa nell'oscurità e nel tormento. Ci appartiene, anche se non notato da altri e talvolta nemmeno da noi stessi.

Le fiabe di tutte le culture sono prevalentemente storie dell'anima più che dello spirito. Il nano è un'aspetto dell'animo, come abbiamo visto ne « L'acqua della vita » e così è la fiaba di Cenerentola. Qui l'archetipo è rappresentato dalla cenere, come ha evidenziato Robert Bly in Iron John. Voi (dato che tutti questi racconti riguardano voi) siete trattenuti in *basso*, fra le ceneri del caminetto, inumati ma anche sofferenti. La vostra bellezza interiore è inavvertita e sfruttata. Interiormente, durante questo tempo, ha luogo uno sviluppo nuovo, una maturazione, una metamorfosi, un rafforzamento, culminanti in un essere umano completamente formato, raggiante e aureo, ma anche esperto nelle cose del mondo, non più strumento passivo e inconsapevole. L'essere umano completamente sviluppato personifica l'unità di anima e spirito, in alto e in basso, materiale e immateriale.

La pratica meditativa stessa è lo specchio di questo percorso di crescita e sviluppo. Anch'essa ci porta in alto e in basso, esige che affrontiamo, abbracciamo persino, dolore e tenebre, gioia e luce. Ci esorta a utilizzare qualsiasi cosa si presenti e, dovunque ci si trovi, tutte le occasioni di ricerca, apertura, crescita in forza e saggezza e per intraprendere il nostro cammino personale.

Per me, parole come «anima» e «spirito» sono tentativi di esprimere l'esperienza interiore degli esseri umani nella ricerca della propria identità e della propria collocazione in questo strano mondo. Nessun autentico lavoro spirituale dovrebbe mancare d'animo, così come un autentico lavoro dell'animo non dovrebbe essere carente di spirito. I nostri demoni, draghi, nani, streghe, orchi, principi e principesse, re e regine, crepacci, segrete e remi sono qui ora, pronti a insegnarci. Ma noi dobbiamo ascoltare e farcene carico nello spirito dell'eroica e incessante ricerca che ciascuno di noi rappresenta, che lo si sappia o meno, nel tessuto stesso di una vita vissuta, di cosa significhi essere pienamente umani. Forse la cosa più «spirituale» che ciascuno di noi può fare è semplicemente guardare con i propri occhi, vedere con occhi di completezza, e agire con integrità e tenerezza.

*

... i loro occhi, antichi occhi scintillanti, sono gai.

W.B. Yeats, *Lapiz Lazuli*

Ringraziamenti

Ringrazio Myla Kabat-Zinn, Sarah Doering, Larry Rosenberg, John Miller, Danielle Levi Alvares, Randy Paulsen, Martin Diskin, Dennis Humphrey e Ferris Urbanowski per la lettura delle prime stesure del manoscritto e per avermi fornito valide conoscenze e incoraggiamento. Vorrei anche esprimere il mio profondo apprezzamento per Trudy e Barry Silverstein, che mi hanno consentito di soggiornare al Rocky Horse Ranch durante l'intenso periodo iniziale del mio lavoro e per Jason e Wendy Cook, compagni di avventure « western » durante quei giorni meravigliosi. Sono infinitamente grato ai miei *editor*, Bob Miller e Mary Ann Naples, per il loro grande impegno e per il piacere che mi ha procurato lavorare con loro. Li ringrazio unitamente al gruppo Hyperion, l'agente letterario Patricia Van der Leun, la progettatrice editoriale Dorothy Schmiderer Baker e la responsabile artistica Beth Maynard per la cura e attenzione prestate allo sviluppo di questo libro.

Indice

I LIBRI DEL BENESSERE

AA. VV., *Il mio romanzo*
Christophe André, *40 libri per 40 emozioni*
Christophe André, *Chi ha paura della paura*
Christophe André, *Dell'arte della felicità*
Christophe André, *Dell'arte della meditazione*
Christophe André, *Imperfetti e felici*
Christophe André, *Quattro lezioni di pace interiore*
Christophe André, *Serenità*
Christophe André, *Tre minuti al giorno per meditare*
Christophe André, *Vivere felici*
C. André - F. Lelord, *La forza delle emozioni*
C. André - F. Lelord, *La stima di sé*
G. Arduino - L. Lipperini, *Morti di fama*
Daniele Barbone, *Runner si diventa*
Nathaniel Branden, *I sei pilastri dell'autostima*
Nathaniel Branden, *La psicologia dell'amore romantico*
Nathaniel Branden, *L'arte di vivere consapevolmente*
Nathaniel Branden, *Le donne e la stima di sé*
Barbara Brennan, *Luce emergente*
Barbara Brennan, *Mani di luce*
Sabina Brennan, *Un cervello più giovane in 100 giorni*
Élisa Brune, *Il piccolo libro dei pensieri positivi*
Brendon Burchard, *Ricco non per caso*
Áine Carlin, *#Staivegano*
Chade-Meng Tan, *È facile lavorare felici se sai come farlo*
Emma Chichester Clark, *Peli di saggezza*
Stéphane Clerget, *Come difendersi dai vampiri emotivi*
S. Clerget - B. Costa-Prades, *Fatevi rispettare!*
Jorge Cruise, *La Dieta 100*
Jorge Cruise, *Otto minuti ogni mattina*
Jorge Cruise, *Otto minuti ogni mattina per snellire fianchi e cosce*
R. Davidson - A. Tahsin, *Fatto a mano*

Michael De Jong, *Lo Zen e l'arte delle pulizie*
Michael De Jong, *Lo Zen per l'armonia e la pulizia del corpo*
A. Demarais - V. White, *La prima impressione*
Charles Duhigg, *La dittatura delle abitudini*
Wayne W. Dyer, *Come fare miracoli*
Wayne W. Dyer, *Cosa volete davvero per i vostri figli?*
Wayne W. Dyer, *Credere per vedere*
Wayne W. Dyer, *Il cambiamento*
Wayne W. Dyer, *Il potere dell'intenzione*
Wayne W. Dyer, *In armonia*
Wayne W. Dyer, *Il mio sacro destino*
Wayne W. Dyer, *La saggezza del Tao*
Wayne W. Dyer, *La saggezza di ogni giorno*
Wayne W. Dyer, *La voce dell'ispirazione*
Wayne W. Dyer, *Niente scuse!*
Wayne W. Dyer, *Ogni tuo desiderio sarà esaudito*
Wayne W. Dyer, *Ricordi del paradiso*
Wayne W. Dyer, *Un pensiero al giorno per una vita migliore*
Blanche Ebbutt, *Quello che i mariti non devono fare*
Blanche Ebbutt, *Quello che le mogli non devono fare*
U. Ehrhardt - W. Johnen, *Se sei sincero vai in paradiso, se menti vai dappertutto*
Rita Emmett, *L'arte di non rinviare*
Suzanne Evans, *Machiavelli per mamme*
Donna Farhi, *Lo yoga nella vita*
R. Fisher - S. Brown, *Troviamo un accordo*
R. Fisher - B. Patton - W. Ury, *L'arte del negoziato*
Jane Fonda, *Gli anni migliori*
Helen Foster, *IG La dieta dell'indice glicemico*
Alys Fowler, *Raccolto e conservato*
B.J. Gallagher, *Perché non faccio le cose che mi fanno bene?*
Jose Luis Gallego, *Plastic detox*
Gabriella Galt, *Piccoli pensieri omicidi*
Stuart Geddes, *Non preoccuparti*
Gatto Morto, *Storie di ordinari decessi*
Kahlil Gibran, *Versi spirituali*
Álvaro Gómez Contreras, *Il cuore oltre l'ostacolo*
Ray Grigg, *Il Tao della barca*
Fabien Guez, *Come (non) farsi venire un infarto*
F. Hahn - M. Eades - M. Eades, *Il metodo Slow Burn*

Karen Haller, *Il piccolo libro del colore*
Julius Hendricks, *Manifesto per una vita analogica*
Alan Herdman, *Pilates per persone che hanno troppo da fare*
Julia Hill, *Ognuno può fare la differenza*
Jeremy Howick, *Il tuo primo dottore sei tu*
Valentina Ivancich, *Noi e l'albero*
Jon Kabat-Zinn, *L'arte di imparare da ogni cosa*
Jon Kabat-Zinn, *Dovunque tu vada ci sei già*
Jon Kabat-Zinn, *Guarire con la mindfulness*
Jon Kabat-Zinn, *La mindfulness è per tutti*
Jon Kabat-Zinn, *Risveglio*
Jon Kabat-Zinn, *La scienza della meditazione*
Jon Kabat-Zinn, *Vivere momento per momento*
J. Kabat-Zinn - M. Kabat-Zinn, *Il genitore consapevole*
Beth Kempton, *Fai quello che ami*
Beth Kempton, *Wabi Sabi*
Salman Khan, *La scuola in rete*
Jack Kornfield, *Il cuore saggio*
Jack Kornfield, *Qui e ora*
Jack Kornfield, *La vita serena*
Harold Kushner, *Vivere bene comportandosi bene*
Lam Kam Chuen, *Il manuale del Feng Shui*
Lam Kam Chuen, *Il manuale del Feng Shui Personale*
Mary Lambert, *In principio era il caos…*
Mary Lambert, *Ogni cosa al suo posto e un posto per ogni cosa*
Ellen J. Langer, *Mindfulness. La mente consapevole*
Mathieu Le Maux, *Running. Dalla A alla Z*
Susanna Longley, *Il giardiniere dilettante*
Alexi Lubomirski, *Galateo per i miei figli*
S. Marango - R. Gordon, *Il corpo e le stelle*
Andrew G. Marshall, *Ti voglio bene ma non ti amo più*
Gillian McKeith, *La dieta McKeith*
Gillian McKeith, *Sei quello che mangi*
Tracy McMillan, *Perché non sei (ancora) sposata?*
Alex Mitchell, *Giardinaggio low cost*
Alex Mitchell, *L'orto sul terrazzo*
Raymond Moody, *Schegge di eternità*
Raymond Moody, *La luce oltre la vita*
Raymond Moody, *La vita oltre la vita*
R. Moody - P. Perry, *Una scia di infinite stelle*

Judith Morrison, *Il grande libro dell'Ayurveda*
M. Mosley - P. Bee, *Esercizi Fast*
M. Mosley - M. Spencer, *La Dieta Fast*
Lisa Nichols, *La legge della determinazione*
Philippa Perry, *Il libro che vorresti i tuoi genitori avessero letto*
Letty Cottin Pogrebin, *Come essere amico di una persona malata*
Maud Nordwald Pollock, *Dal cuore attraverso le mani*
Rebecca Rosen, *Spirited*
Bernard Roth, *Prendi in mano la tua vita*
Bernadette Russell, *Il libro della gentilezza*
Sophie Sabbage, *Vivere la malattia senza farsi sopraffare*
Sadhguru, *La gioia è alla portata di tutti*
Nino Salvaneschi, *Breviario della felicità*
Mechthild Scheffer, *Il grande libro dei fiori di Bach*
Anna Selby, *Pilates per il mal di schiena*
Anna Selby, *Pilates per la pancia piatta*
F. Smith - The Brothers McLeod, *Bau! Cani per tutti i gusti*
M. Spencer - S. Schenker, *Le ricette della Dieta Fast*
Manfred Spitzer, *Connessi e isolati*
Manfred Spitzer, *Demenza digitale*
Manfred Spitzer, *Emergenza smartphone*
Manfred Spitzer, *Solitudine digitale*
Bernardo Stamateas, *È facile liberarsi delle emozioni moleste se sai come farlo*
Jen Stearns, *La casa sempreverde*
François Stévignon, *È facile liberarsi del mal di schiena se sai come farlo*
Anna Talò, *Meditazioni per donne sempre di corsa*
Pietro Trabucchi, *Opus*
Pietro Trabucchi, *Perseverare è umano*
Pietro Trabucchi, *Resisto dunque sono*
William Ury, *Il negoziato perfetto*
William Ury, *Il no positivo*
Wallace D. Wattles, *La scienza del diventare ricchi*
Valerie Young, *Vali più di quel che pensi*
Allen Zadoff, *Fame*
Gary Zukav, *Da anima ad anima*
Gary Zukav, *Il potere autentico delle relazioni*
G. Zukav - L. Francis, *Il cuore dell'anima*
G. Zukav - L. Francis, *La danza dei maestri Wu Li*
G. Zukav - L. Francis, *La mente dell'anima*

Opere di Jon Kabat-Zinn
pubblicate da Corbaccio

Dovunque tu vada ci sei già (7 edizioni)
Vivere momento per momento (3 edizioni)
L'arte di imparare da ogni cosa (3 edizioni)
Il genitore consapevole (3 edizioni)
Guarire con la mindfulness
Risveglio
La scienza della meditazione

Fotocomposizione:
Nuovo Gruppo Grafico S.r.l. - Milano

Finito di stampare
nel mese di maggio 2020
dalla Grafica Veneta S.p.A.
di Trebaseleghe (PD)
Printed in Italy